Bogdan Bogdanović. Memoria und Utopie in Tito-Jugoslawien

Diese Publikation erscheint mit drei verschiedenen Schmuckschleifen. Die Motive sind Tuschezeichnungen von Bogdan Bogdanović zum „Bestiarium" für das Kriegermausoleum in Čačak, um 1980

Bogdan Bogdanović

Memoria und Utopie in Tito-Jugoslawien

Wieser

Az W

Inhalt

6   Vorwort   Dietmar Steiner

Annäherungen an Bogdan Bogdanović
10   In die Landschaft eingeschrieben   Friedrich Achleitner
20   Den suprarationalen Impulsen gehorchen – Bogdan Bogdanović im Gespräch
       Ivan Ristić
28   Bogdan Bogdanović und Jože Plečnik   Urša Komac, Pablo Guillén
34   Von Helden und Opfern   Heike Karge
40   Die Lehre des Bogdan Bogdanović   Dragana Milovanović
46   Bogdanović als Schriftsteller und Architekturtheoretiker   Vladimir Vuković

Orte der Kontemplation. Memorialarchitektur   Ivan Ristić
56   Übersichtskarte
58   **Belgrad**   Denkmal für die jüdischen Opfer des Faschismus
62   **Sremska Mitrovica**   Gedenkfriedhof für die Opfer des Faschismus
66   **Mostar**   Partisanennekropole
70   **Jasenovac**   Gedenkstätte für die KZ-Opfer
74   **Kruševac**   Slobodište – symbolische Nekropole mit Freilichtbühne
78   **Kosovska Mitrovica**   Kultstätte für die serbischen und albanischen Partisanen
82   **Prilep**   Kenotaphe für die gefallenen Widerstandskämpfer
86   **Leskovac**   Revolutionsdenkmal
90   **Knjaževac**   Denkmal für die Gefallenen der Befreiungskriege 1804–1945
94   **Štip**   Kriegerfriedhof
98   **Bihać**   Kenotaphe im Gedenkpark Garavice
102   **Čačak**   Gedenkstätte mit Kriegermausoleum
106   **Bela Crkva**   Kenotaphengruppe
110   **Travnik**   Kenotaphe für die Opfer des Faschismus
114   **Berane**   Freiheitsdenkmal
118   **Vlasotince**   Kultstätte für die gefallenen Freiheitskämpfer
122   **Labin**   Adonisaltar im Internationalen Skulpturenpark
126   **Vukovar**   Gedenkpark Dudik für die Opfer des Faschismus
130   **Popina bei Trstenik**   Kriegermausoleum

Bogdan Bogdanović und der Wohnbau Ivan Ristić
136 **Avala bei Belgrad** Wohnsiedlung des Instituts für Hydrotechnik „Jaroslav Černi"
140 **Smederevo** Umbau der Villa von Königin Natalija

Bogdan Bogdanović im Wortlaut
144 Der Wert des Ornaments
146 Der kleine Urbanismus: „Zeichnung"
148 Der kleine Urbanismus: Haus und Baum
150 Memorialarchitektur als Mittel zur Kommunikation mit anderen Zeiten
151 Architektur als endloser Rätselbereich
152 Drei Mausoleen

Anhang
156 Lebensdaten
160 Werkverzeichnis
166 Schriften und Interviews
169 Ergänzende Literatur zu Bogdanovićs Denkmälern
170 Einzelausstellungen
171 Gruppenausstellungen
172 Orts- und Personenregister
175 Dank / Autorinnen und Autoren
176 Impressum

Vorwort

Bogdan Bogdanović ist ein selten wunderbarer und damit ein wunderbar seltener Mensch. Ein Philosoph, ein begnadeter Schriftsteller und hochbegabter Künstler, ein nachdenklicher Architekt und Politiker aus Zufall. Ein hochgebildeter Humanist mit authentisch gelebter Position, die verloren gegangen ist im zeitgenössischen Leben, wo Markt und Moden als Diskurs bezeichnet werden. Die Welt der Kunst und der Architektur wird medial niedergebrüllt von immer gleich neuen, unterhaltenden Ereignissen. Es sind die Marktgesetze dieses Betriebs, die jeden Einspruch blockieren. Aber die Architekturgeschichte und ihre Zukunft braucht die Abseitigen, die Unangepassten, die unbeirrt ihren eigenständigen Weg gehen. Bogdanović hat sich mit einem sprachlich-philosophischen und künstlerischen Anspruch in Architektur und Kunst hineingearbeitet – als Möglichkeit des Ausdrucks seines Versuchs, die Welt zu erfahren und zu erkennen. So ist ein einzigartiges künstlerisches Werk des 20. Jahrhunderts entstanden. Denkmäler vor allem, inhaltlich verbunden mit dem nachdenklich erzählenden didaktischen Anspruch einer Neubegründung von Architektur. Was das künstlerische Werk von Bogdanović auszeichnet, ist seine unvergleichliche Formensprache, mit einem Vokabular, das sich aus Zeichen und Symbolen nährt, sich nur einem schöpferischen Geist aus alten Schriften erschließt und von Bogdanović respektlos und mit stiller Ironie spielerisch anverwandelt wird. „In der Architektur gibt es unglaublich viele unterirdische Kanäle zwischen Form und Wort", vermutet er und macht sich an deren Erforschung.

Es ist, als ob er im „Gedächtnis der Menschheit" nachschlagen würde, daraus Konzepte entwickelte, die ganz intim mit dem handwerklichen Vermögen arbeiten und zugleich ganz umfassend den konkreten landschaftlichen Bedingungen verpflichtet sind. Und selbst ein so unsentimentaler Beobachter wie Friedrich Achleitner bezieht aus der Besichtigung dieser Denkmäler „magische Momente".

Der kreative Prozess beginnt bei Bogdanović immer mit einer surrealistischen Grundeinstellung und der aufmerksamen Beobachtung der Bewegungen des Unbewussten – ja selbst Urformen könnte man strapazieren, die dann doch von einem sehr rationalen oder auch situationistisch technischen Verstand kontrolliert werden. Tief dringt er ein in die Eigenschaften des Steins, will mit ihm leben und arbeiten, befragt sein Potenzial mit der Hilfe seiner Steinmetze. Diese kolportierten Gespräche und Entscheidungen erinnern an mittelalterliche Bauhütten und deren geheimes Wissen. Aber im Werden findet die Arbeit am Konzept wieder zurück in den Alltag: „Deswegen darf ich behaupten, dass mehr oder weniger alles nach menschlichen, ja sogar allgemeinbiologischen Spielregeln ablief."

Soll man noch erwähnen, dass es Bogdanović gelungen ist, dem ideologisch festgefahrenen westeuropäischen Denkmal-Diskurs über die Gräuel des Zweiten Weltkriegs einen sinnlich erlebbaren und intellektuell redlichen Ausweg zu bieten? Es braucht wohl nichts als ein Bewusstsein für die architektonische Weltgeschichte, um elementare Stimmungen anklingen zu lassen und Hoffnung zu wecken.

Doch es wäre zu kurz gegriffen, Bogdanović auf seine sensationellen Denkmäler zu reduzieren. Er ist auch ein bedeutender Lehrer, der, etwa mit seiner „Dorfschule für Philosophie der Architektur" Wege suchte, um den Studentinnen einen neuen, elementaren Zugang zur Architektur zu eröffnen. Das alles vervollständigte der große Schriftsteller Bogdanović mit dem gewaltigen Œuvre von 18 Büchern und mehr als 500 bibliographischen Titeln. Entgegen allen wechselnden individualistischen Visionen der urbanistischen Moderne bekannte sich Bogdanović immer zu einem „kleinen Urbanismus", der die Handwerklichkeit des Gebauten in Beziehung setzt zu einer urbanen Gesinnung als Zeichen zivilisatorischer Entwicklung und offenblieb für alles, was die Geschichte ihm zuflüsterte.

Bogdanović lehrt uns, die Stadt, dieses bislang höchste Konstrukt einer zivilen Öffentlichkeit, an ihren Erscheinungen neu zu lesen. Er spricht von „Zeichnung", die sich in Fassaden oder Gestalten abbildet, die einem Sinn, einer Erzählung folgen muss. Sind Linien und Schriften nicht erklär- und erzählbar, dürfte man nicht von einem Werk der Architektur sprechen. „Sprechen wir von dieser in Formen enthaltenen Zeichnung, so erweisen wir im Grunde ihren Schöpfern die Ehre. Wir teilen ihnen mit, dass wir ihre Hand gespürt haben und dass wir sie schätzen", sagt Bogdan Bogdanović. Es sind sein enormes Wissen, seine Bildung, seine kreative Aneignung von Geschichten und Mythen, verbunden mit einer tiefen Demut im Akt des Hinzufügens, die das Werk von Bogdanović als einsamen Widerspruch zum Fluss des Zeitgeistes erratisch und selbsterklärend in den Raum setzen.

Ausstellung wie Buch, die nur dank der großzügigen Überlassung des zeichnerischen Werks von Bogdanović an das Architekturzentrum Wien ermöglicht wurden und dank der Autorinnen einen profunden Zugang zum Werk und Leben dieses einzigartigen Künstlers und Citoyens erlauben, sollen über den dokumentarischen Wert hinaus als Aufforderung verstanden werden, aus dem singulären künstlerischen Kosmos des Bogdan Bogdanović neue Hoffnung für die Zukunft der urbanen Zivilisation zu schöpfen.

Dietmar Steiner, Architekturzentrum Wien

Annäherungen an Bogdan Bogdanović

Friedrich Achleitner

In die Landschaft eingeschrieben*

Erste Begegnung mit dem Werk des Denkmalarchitekten

Es ist nicht möglich, sich mit einem Aspekt der Arbeiten Bogdan Bogdanovićs isoliert zu beschäftigen, auch wenn es sich um ein so zentrales Gebiet wie jenes seiner Gedenkstätten im ehemaligen Jugoslawien handelt. Jede kleinste Skizze, jede Notiz spiegelt ein überaus komplexes Werk wider, das bisher in der Rezeption der europäischen Moderne, obwohl aus ihren Wurzeln entwachsen, noch keinen festen Platz gefunden hat.

Der Urbanologe, Stadtforscher und Stadtwanderer, Architekt, Bildhauer, Ornamentiker und Kalligraph, der Graphiker und „Kritzler", der Mythologe, Etymologe, Geschichtenerzähler und Schriftsteller von hohen Graden, ja der Ex-Jakobiner, Ex-Trotzkist, immerwährende Gnostiker und Deist, der Politiker auf Zeit, aber ein enorm politischer Mensch auf Lebenszeit, der surrealistische Wiederholungstäter, kokette Querdenker und Philosoph und nicht zuletzt der große Lehrer ohne Lehre, der seine Begabungen auch als Rollen spielt. Das Phänomen Bogdan Bogdanović ist unteilbar und vermutlich einem analytischen Denken in jeder Form unzugänglich.

Meine erste Begegnung mit den Denkmalanlagen Bogdan Bogdanovićs hatte ich im Sommer 2002. Es war ein großes Glück, mit B.B. selbst diese Begegnung zu erleben. Wir sahen nur jene auf serbischem Gebiet. Zuerst das *Denkmal für die jüdischen Opfer des Faschismus* in Belgrad, dann die *Gedenkstätte mit Kriegermausoleum* in Čačak, schließlich die *Symbolische Nekropole mit Freilufttheater* in Kruševac und zum Schluss das *Kriegermausoleum* in Popina. Diese Begegnung war eine mehrfache: Einerseits begegnete Bogdan Bogdanović, zum Teil nach Jahrzehnten, wieder selbst seinen Arbeiten, er begegnete Menschen verschiedener Generationen im Umgang mit seiner „Welt", andererseits erlebte ich einen verwandelten Bogdan in einer inzwischen Geschichte gewordenen Wirklichkeit seines Werks, schließlich die Anlagen in einer unvorbereiteten, ungeschminkten Form des „täglichen Gebrauchs".

Vorbemerkung zu den Denkmälern

Bogdan Bogdanovićs Arbeiten sind mit dem Vokabular der „Moderne" des 20. Jahrhunderts nicht beschreibbar: Den Konservativen ein ambivalenter, damit verdächtiger, manchmal ausflippender und surrealer Querdenker, den Modernisten ein altertümelnder Formalist, Metaphoriker, Symbolist ohne greifbare Semantik, ein fundamentaler Skeptiker dem technizistischen Fortschritt gegenüber, als Architekt der Sprache des Steins und dem Handwerk mehr vertrauend

---

* Vgl. Friedrich Achleitner, *Bogdan Bogdanović – Versuch einer Auseinandersetzung anlässlich seines 80. Geburtstages / An Attempted Investigation On The Occasion Of His 80th Birthday,* in: architektur.aktuell Nr. 273, Dezember 2002, S. 100–111 sowie *Jasenovac: Den Toten eine Blume / Jasenovac: A Flower for the Dead,* in: architektur.aktuell Nr. 298/299, Jänner/Februar 2005, S. 96–105

Denkmal für die jüdischen Opfer des Faschismus, Belgrad (1951–52), symbolischer Brunnen
Foto: Friedrich Achleitner

als neuen Materialien und Technologien. Romantiker? Ja. Illusionist? Vielleicht aus einer Art Strategie der gesellschaftlichen Wirklichkeit gegenüber. Politiker? Nein, aber ein enorm politischer Mensch. Vielleicht ein „schlechter Bürgermeister", aber als Kosmopolit ein unbestechlicher Gegner alles Nationalistischen, Zivilisations- und damit Stadtfeindlichen.

Man kann behaupten, dass seine „surrealistische Taufe" im Belgrader Gymnasium und der Auftrag für die jüdische Gedenkstätte zwei Weichenstellungen in und Schlüssel zu seinem Werk sind. Mit dem Denkmal wurde der aufmüpfige Querdenker mit einer geistigen Welt konfrontiert, in der man in anderen Zeitdimensionen und Symbolen dachte, als es der ideologische Zeitgeist erforderte. Seine ohnehin vorhandene Skepsis autoritären Strukturen und Semantiken, vor allem aber einer platten technizistischen Fortschrittsideologie gegenüber, entwickelte eine eigenständige Methode im Darstellen von Inhalten, eine, wenn man es paradox formulieren darf, Präzision des Unbestimmten und Unbestimmbaren, aber eine unmissverständliche Sprache des Andeutens und Schweigens. Dazu kam: *Die Verpflichtungen meiner kommunistischen Konfession, die ich in den ersten Nachkriegsjahren angenommen hatte, ermüdeten mich oft und erschöpften mich zudem physisch. Um zu mir zu kommen, kehrte ich zu den Geheimwissenschaften meines alten surrealistischen Glaubens zurück. Ich fühlte mich wie ein sündiger Christ, dem es nicht gelang, sich von den heidnischen Hirngespinsten zu befreien.*[1]

Bogdan Bogdanović verbannt aus seinen Gedenkstätten das ideologische Vokabular. Er zieht sich auf eine archaische Sprachlichkeit zurück. Er kennt den Ausspruch von Adolf Loos: *Wenn wir im walde einen hügel finden, sechs schuh lang und drei schuh breit, mit der schaufel pyramidenförmig aufgerichtet, dann werden wir ernst, und es sagt etwas in uns: Hier liegt jemand begraben.*[2]

Das ist eine Gedenkstätte, könnte man abwandelnd sagen, und Bogdanović steht, obwohl als Ornamentiker auch Antipode von Loos, diesem Denken sehr nahe. Und wie sollte man der Ereignisse eines Vernichtungskrieges an Orten, an denen Menschen verschiedener Nationalitäten, Konfessionen und Ethnien mit unterschiedlichen Ideologien gemordet haben und ermordet wurden, gedenken?

Was ich vermochte, war, auf archaische Formen zurückzugreifen. Ich war davon überzeugt, daß die Verständlichkeit der Symbole umso größer war, je tiefer die Semantik der Formen in die metahistorischen Schichten der menschlichen Phantasie hineinreichte.[3]

---

1 *Der verdammte Baumeister,* Paul Zsolnay Verlag, Wien 1997, S. 86
2 Adolf Loos, *Architektur,* in: Ders., *Trotzdem. 1900–1930* (Neudruck der Erstausgabe von 1931, Hrsg. Adolf Opel), Georg Prachner Verlag, Wien 1997, S. 103
3 *Der verdammte Baumeister,* a.a.O., S. 269f

Friedrich Achleitner

Denkmal für die jüdischen Opfer des Faschismus, Gesamtansicht
Foto: Friedrich Achleitner

Bogdan Bogdanovićs Denkmäler, Gedenkstätten, Mausoleen und Nekropolen sind, auch wenn sie von gebannten Monstern belagert werden, positive, versöhnende, verbindende, der Zukunft und dem Leben zugewandte, aber auch aus der Zeit hinausweisende Orte. Kein Zufall, dass viele Gedenkstätten von spielenden Kindern, jungen Menschen oder Familien bevölkert werden. Keine pathetischen Gesten, keine sterbenden Helden, keine anklagenden oder kämpfenden Figuren. Also kein sozialistischer Realismus. Die archaischen und skulpturalen Elemente sind immer in eine natürliche, landschaftliche Situation eingebunden, nicht in heroische Inszenierungen oder monumentale Plätze.

[...] ich vermied es, den anderen meine Ahnungen einer jenseitigen Ordnung der Dinge aufzuzwingen. Umgekehrt lausche ich gern fremden Deutungen, selbst jenen über meine eigenen Bauten. [4]

Und, muss man noch hinzufügen, Bogdan Bogdanovićs Gedenkstätten sind Orte einer urbanen Kultur, sie versammeln das „Gedächtnis der Menschheit" und, was dieser Behauptung nicht widerspricht, sie sind jeweils aus der Topographie, der Landschaft entwickelt und verwandeln diese in Stätten des Denkens, des Erinnerns, der Kontemplation.

1952 Denkmal für die jüdischen Opfer des Faschismus, Belgrad
Eingebaut in den bestehenden jüdischen Friedhof in der Achse einer kleinen Allee. Diese wird durch zwei niedrige Mauern fortgesetzt, gefasster Weg, man steigt ein paar Stufen hinunter. Der Dromos führt zu zwei mächtigen Mauerflügeln mit einem V-förmigen, nach oben offenen Durchgang: Portal, Schwelle. Die „Flügel" haben tatsächlich die Form von Flügeln, eine positive, „erhebende" Geste, Hinweis auf eine jenseitige Welt? In der Achse der Allee wird im V der Öffnung ein siebenarmiges Zeichen (wie ein jüdischer Leuchter) sichtbar, das einmal im freien Blickfeld zur Donau stand, also einen Blick in einen tiefen Landschaftsraum ermöglichte. Heute ist der Hintergrund mit großen, dichten Bäumen besetzt, so dass dieser Abschluss das Denkmal auf sich selbst „zurückwirft" oder als eigenen Bezirk im Bezirk begrenzt.

Die mächtigen Torflügel aus Stein (Wunsch der jüdischen Gemeinde), ein Bossenmauerwerk mit kräftigem Relief, haben einen Betonkern (der junge Bogdanović wollte sie ursprünglich in Beton ausführen), so dass die schweren, unterschiedlich großen und grob behauenen Quader eine Art flächig-schwebendes Blendmauerwerk darstellen, was an den Rändern (wie eine Bordüre) auch

4 Ebenda, S.191

ablesbar ist. Dieser Hinweis erscheint mir wichtig, weil er ein frühes Signal für die Abkehr von einem strukturellen und die Hinwendung zu einem dekorativen Denken ankündigt. Die begleitenden niedrigen Steinmauern sind in einer Art Collagetechnik gemauert, mit unterschiedlichem Material und vielen Spolien, die wohl für die Gemeinde konkrete Erinnerungen bedeuten, für den Besucher aber merkwürdige Zeichen eines „kollektiven Gedächtnisses" darstellen. Interessant ist auch, dass die Gemeinde darauf bestanden hatte, dass der Autor den Bau durch eine Tafel „signierte" (was Bogdanović bei den späteren Mahnmalen nicht mehr tat), so als sollte er neben der Anerkennung auch eine Art subjektiver Haftung übernehmen.

Dass das Denkmal am Beginn der fünfziger Jahre, also noch zu Lebzeiten Stalins, völlig aus den Konventionen des sozialistischen Realismus ausscherte, zeigt das heftige Urgieren damals aktueller ideologischer Symbole. Die häufigsten Fragen waren: Wo ist der Rote Stern? Wo sind Sichel und Hammer?

Diese erste Gedenkstätte des Architekten zeigt schon viele Elemente seiner späteren Arbeiten. Etwa die Betonung eines Weges, akzentuiert durch plastische und räumliche Elemente oder die besondere Bedeutung räumlicher Sequenzen. Das Zeitmoment im Räumlichen. Am Beginn immer „zielstrebig", stringent, sozusagen seiner selbst sicher, bis es zu Irritationen und schließlich zur mehrdeutigen Auflösung kommt. Als sollte angesichts der „letzten Dinge" eine staunende Ratlosigkeit, eine „heilige Verwirrung", als die einzig mögliche Alternative übrig bleiben.

Man muss mitbedenken – und daraus hat Bogdanović später ein Prinzip entwickelt –, dass es in der politischen Situation der unmittelbaren Nachkriegszeit gar nicht möglich war, eindeutig dechiffrierbare Zeichen zu verwenden, wenn man sich nicht auf die offiziellen politischen Symbole (die in ihrer „Besetzung" immer trivial sind) einlassen wollte. Insofern fand der philosophische, humanistisch gebildete und surrealistisch getaufte „Luchs" B.B. (der sich der Freundschaft mit diesem charakterlichen Symbol immer noch erfreut) einige Schlupflöcher aus dem Dilemma.

1965 Slobodište, symbolische Nekropole mit Freilufttheater, Kruševac
Erster Eindruck: Ein moderner Landschaftspark, Skulpturen, sich zu kleinen Wäldchen verdichtende Baumgruppen. Ein in der Erde steckender, halbrunder Empfangsbau mit einem kleinen runden Vorplatz. Die Eule von Bogdanović.

Denkmal für die jüdischen Opfer des Faschismus, Dromos und Ummauerung
Foto: Friedrich Achleitner

Slobodište – symbolische Nekropole mit
Freilichtbühne, Kruševac (1960–65),
Sonnentor
Foto: Friedrich Achleitner

Slobodište – symbolische Nekropole mit
Freilichtbühne, Mühlstein
Foto: Friedrich Achleitner

Das Gebäude eine Art von kleinem Kultur- und Informationszentrum. Auch von Bogdanović? Nein. Von einem Schüler, der den langjährigen Bau der Anlage mit Umsicht betreut hat. Architektur der 70er Jahre. Zugang durch einen Erdwall mit einem runden, oben halb offenen Steintor, davor eine kreisrunde Rasenfläche mit Baum. Auf dem Tor sitzen Kinder. Zwischen zwei Erdhügeln geht es durch einen Graben in einen weiten, sanften, kesselartigen, von einem Wald begrenzten Freiraum. Haben hier Erschießungen stattgefunden? Ja. Nein. Ja. Früher war hier eine flache Wiese. Die Anlage wurde in jahrelanger Arbeit in eine artifizielle, kontemplative, ja auch spielerische Landschaft verwandelt. Die gigantischen Erdbewegungen wurden über eine Baggerfabrik, die hier ihre Produkte testete, durchgeführt. Am Boden ein Stein, einem Mühlstein ähnlich, mit einer Aufschrift in Bogdanovićscher Kalligraphie, ungefähre Übersetzung: *Wenn du unter diesem Himmel stehst, Mensch, dann richte dich auf.*

Im Kessel liegen merkwürdige, ungefähr zwei Meter lange Steinpaare, minoischen Hörnern ähnlich, andere meinen Schmetterlinge zu erkennen, die in einer geschwungenen Reihe zum Wald hinaufwandern. Ihre Enden haben Fratzen. Sind sie Unwesen, Monster, die von den Kindern und Jugendlichen arglos bevölkert werden? Man kann sie ebenso als Liegen oder als Klettersteine benutzen.

Ein merkwürdiger Ort. Wo ist das Freilufttheater? Wir gehen zurück, schwenken vom Graben zu einem Hügel ab und sehen auf eine zweite, etwas geometrisiert ausgeführte Mulde; ein antikes Theater? Nur die Andeutung davon, archäologische Erinnerung, aber bespielbar. Ein wartender Raum, der auch jede andere Nutzung über sich ergehen lässt. Auf der anderen Seite, ganz am Waldrand, steht ein helles Kreuz auf einer streng geordneten Fläche. Hier liegen die Opfer.

Sie halten einen Abstand der Erinnerung, sind aber anwesend, nicht mitten im Erholungs- oder Freizeitpark der Stadt. Am Eingang dachte ich spontan an den Stockholmer Südfriedhof, Skogskyrkogården; Asplund konnte auch Landschaft in Kunst, in Poesie verwandeln. Hier ist das Spiel mit den Ambivalenzen des Denkens und Wahrnehmens noch radikaler.

Bogdan Bogdanović fesselt den Tod an das Leben, so als wolle er daran erinnern, dass dieser eben ohne das Leben nicht existieren kann. Seine Gedenkstätten monumentalisieren nicht den Tod, verherrlichen nicht die Grausamkeit oder die Unversöhnlichkeit, sie sind das Gegenteil: Sie erlauben, wenn

In die Landschaft eingeschrieben

Slobodište – symbolische Nekropole mit Freilichtbühne, steinerne Flügel
Foto: Friedrich Achleitner

Gedenkstätte für die KZ-Opfer, Jasenovac (1959–66), Betonblume
Foto: Friedrich Achleitner

alle Monster dieser surrealen Welt wieder einmal gebannt sind, auch manchmal ein Schmunzeln.

Bogdanović nennt die Gedenklandschaft von Kruševac eine *symbolische Nekropole mit Freilufttheater*. Das Theater als Drehscheibe für das Weiterleben der Generationen.

1966 Jasenovac

Jasenovac war wahrscheinlich der letzte Richtplatz in Europa, der durch nichts an seine Vergangenheit erinnerte [...]. Andererseits zögerte man, klar und deutlich auszusprechen und zu belegen, was Jasenovac eigentlich war. Die infantilen Versuche, dieses Konzentrationslager Hitlers Verbrechen zuzuschlagen (die Formulierung „Verbrechen der Besatzungsmacht und deren Handlanger" war äußerst beliebt), waren nicht eben klug, da Kroatien ja nicht besetzt war, so daß solche Formulierungen auf Widerstand stießen, nicht nur auf Seiten der Serben und Juden, sondern auch auf Seiten der deutschen Antifaschisten. Letztere verwiesen auf das hohe Maß an deutscher Schuld, fremde nationale Schande benötigten sie darüber hinaus nicht. [5]

Die Planungen zu Jasenovac gehen auf das Jahr 1959 zurück. Bogdanović hatte offenbar lange darüber nachgedacht, wie man diesem Thema gerecht werden könne. Die Vorschläge der Auftraggeber, sich genau mit den Dokumenten der Gräuel zu beschäftigen, hatte er strikt abgelehnt. Er musste eine Sprache finden, die über das Geschehen hinausführt. Was die Genossen nicht verstanden, verstand jedoch Tito bei der Vorstellung des Projekts:

Ich hatte jedoch am Ende meiner Ausführungen, ohne den Tonfall zu ändern und um die spirituelle Aura des künftigen Denkmals zu erklären, zu ein paar großen Worten gegriffen, wie zum Beispiel „atheistische Metaphysik" oder „überkonfessionelles Ritual der Inszenierung" oder „anthropologische, allgemein menschliche Erinnerung" und so weiter [...]. Er [Tito] hatte sogar meine Warnung verstanden, daß man bei den Fragen von Gut und Böse, von Schuld und Sühne, von Leben und Tod, von Sein und Nichtsein nicht auf dem Niveau der marxistischen Chrestomathie [das Erlernen von Nützlichem] sprechen könne. [6]

Das Lager – Geschichte und Museum

Jasenovac war ein Vernichtungslager der Ustascha, das auf dem Gelände einer alten Ziegelei lag, auf dem jugoslawische Antifaschisten aller politischen

[5] Ebenda, S.177
[6] Ebenda, S.182f

Friedrich Achleitner

Gedenkstätte für die KZ-Opfer, Erdhügel
Foto: Friedrich Achleitner

Richtungen, Juden, „Zigeuner" und andere Minderheiten umgebracht wurden. Die Zahl der Todesopfer liegt völlig im Dunkeln (die Schätzungen liegen zwischen 80.000 und 800.000 Menschen). Es gibt wenige Spuren, weil, wie historisch belegt ist, die meisten Opfer in die direkt angrenzende Save geworfen wurden. Vom baulichen Bestand des Lagers ist so gut wie nichts erhalten. Die Gedenkstätte wurde anfänglich von den Kroaten abgelehnt, weil sie von einem Serben entworfen wurde, von den Serben sowieso, weil nicht erkennbar war, was hier historisch geschehen ist. Nach der Teilung Jugoslawiens und nach dem letzten Krieg wollte Tuđman aus Jasenovac ein „nationales Pantheon" machen, in dem die kroatische Heldengalerie (einschließlich seiner selbst) versammelt sein sollte. Das ist nicht gelungen. Inzwischen ist Bogdan Bogdanović in Kroatien wegen seiner Haltung gegenüber dem Milošević-Regime, vor allem aber wegen seiner dezidierten antinationalistischen Position eine hochgeachtete persona grata. Die Gedenkstätte ist durch ein kleines, gut in die Landschaft gesetztes Museum ergänzt, das von einer jungen Direktorin (Nataša Jovičić) vorbildlich verwaltet und als Sammlung ausgebaut wird.

Das Dorf, die Gedenkstätte, die Landschaft

Jasenovac ist ein kleines Dorf mit einigen hundert Einwohnern. Man sieht noch die Spuren des letzten Krieges, teilweise zerstörte und leer stehende Häuser. Am Rande des Dorfs liegt das kleine Museum, zwei flache Baukörper mit einem Atrium dazwischen, daneben ein Wäldchen. Diese Dokumentationsstelle, von dessen Atrium man (gerahmt) auf die Gedenkstätte blickt, bildet die Grundlage für alle Informationen.

Die Gedenkstätte selbst ist eine verwandelte Landschaft, ein visionärer Artefakt. Eine Metapher ohne konkrete Metaphorik. Und was heißt schon in diesem Zusammenhang Metapher? Bogdanović liebt Anspielungen, Hinweise und erlaubt, das Gegenteil davon zu denken. In das sanfte Spiel von Wasser- und Rasenflächen, schilfbewachsenen Ufern und Baumgruppen mischen sich kuppelförmige Erdhügel, manche halb in einer kreisrunden Senke versunken, manche wie ein Grabhügel aus der flachen Ebene aufsteigend. Die Tumuli, die zunächst nur die Stellen markieren, wo einst Werkstätten, Baracken des Lagers gestanden haben, lenken die Fantasie des Besuchers in Richtung Grabstätten, aber es entsteht auch eine merkwürdige Beziehung zum im Wasser versunkenen Boden, der so viel Vergangenheit verschlungen hat und aus dem diese

Gedenkstätte für die KZ-Opfer, Erdhügel und ehemaliger Ziegelteich
Foto: Friedrich Achleitner

Gedenkstätte für die KZ-Opfer, Gesamtansicht
Foto: Friedrich Achleitner

monströsen Blasen aufsteigen. Die scheinbare Idylle des Ortes kippt in eine Metapher von Vergänglichkeit und Wiederkehr, bedrohter Ruhe. Aulandschaften haben einen eigenen Zeitbezug, sie warten auf das Unvorhersehbare. Die Natur scheint eher gleichgültig, elastisch, wandlungsfähig zu reagieren. Hingegen kämpfen die Eingriffe des Menschen mit der „Furie des Verschwindens".

Viele Besucher nehmen den direkten Treppelweg zum Monument und verlaufen oder verlieren sich nicht in der spielerischen Inszenierung des Bodens, der sogar an eine thematisch gebundene Land-Art erinnert. Ich habe lange gezögert, mich der „Blume" zu nähern, ich hatte den Eindruck einer gewaltigen Eruption, einer in Beton erstarrten Explosion, die wie ein Geysir aus dem Boden schießt. Der genäherte Blick verwandelt die Riesenskulptur langsam in eine Blüte, die Spiele von Licht und Schatten werden lieblicher, versöhnlicher. Das Thema des Herauswachsens aus dem Boden, das den Architekten in hunderten von Skizzen beschäftigt hat, scheint trotz der fantastischen Geste verblüffend einfach gelöst. Der Sockel, der noch einen an eine Krypta erinnernden Raum birgt, dringt wie ein Wurzelstock an die Oberfläche und die darüber aufsteigende „Blüte" wirkt befreit und heiter. Das spröde Material des Stahlbetons entwickelt eine musikalische Leichtigkeit. Die Bezeichnung „musikalisch" ist kein Lapsus, denn die biomorphe Gestalt entwickelt neben ihrer räumlichen Turbulenz auch eine akustische, sie ist ein Klangkörper, ein Instrument, das nicht nur räumlich mit der Weite der Ebene, sondern auch akustisch mit ihren Winden kommuniziert.

Die Gedenkstätte von Jasenovac ist vor allem eine Denkstätte. Es ist nicht möglich, diesen Ort unbeeindruckt zu durchwandern und zu verlassen. Und alle Symbole und Metaphern, die man zu erkennen vermeint, werden zum Schluss in eine der einfachsten Gesten gegenüber einem Toten zusammengefasst: man legt oder stellt ihm eine Blume aufs Grab. Bogdan Bogdanović hat den Toten von Jasenovac eine riesige Blume in die Landschaft gestellt und darüber hinaus ein für alle verständliches Zeichen des Erinnerns.

1981 Kriegermausoleum, Popina

Das Kriegermausoleum von Popina gehört zu den letzten und wohl eindrucksvollsten und stringentesten Arbeiten von Bogdan Bogdanović. Es liegt auf einer Anhöhe mit freiem Blick in das Tal. Zwei Seiten sind durch einen Wald begrenzt. Der sanfte Hang fällt nach Nordosten.

Friedrich Achleitner

Kriegermausoleum, Popina (1979–81),
Blickachse
Foto: Friedrich Achleitner

Kriegermausoleum, in der imaginären Röhre
Foto: Friedrich Achleitner

Es handelt sich um ein lineares, an einer Blickachse entlang entwickeltes Monument, bestehend aus vier Teilen und drei Intervallen. Ausgangspunkt ist ein bescheidener Steinwürfel mit Aufschrift. Das zweite Element, im Abstand von vielleicht zwanzig Metern, besteht aus drei dicht hintereinander stehenden bogenförmigen, dicken, monolithischen Granitscheiben mit großen kreisförmigen Löchern von etwa fünf Metern Durchmesser. Das dritte Element ist ein hoch aufragendes, etwa drei Meter starkes Dreieck mit einem gleich großen, kreisförmigen Loch. Das letzte Element schließlich ist eine einzelne bogenförmige Scheibe mit dem gleichen „Mondtor".

Man könnte auch die Reihung der Elemente als eine poetische Figur beschreiben: a – b – c – b, oder noch genauer: a – bbb – c – b, was einerseits eine enorme Dynamik (Beschleunigung) erzeugt, andererseits am Ende b – c – b durch Spiegelung oder Symmetrie zu einer statischen Konstellation erstarrt. Die Blickachse wird in der Ferne durch einen bewaldeten Hang aufgefangen, sie endet in einer nicht mehr genau wahrnehmbaren, fernen Welt. Der Besucher hält in der letzten Raumsequenz (vor dem „Mondtor") inne, blickt in die Ferne oder zurück, entdeckt einen sich spiegelnden Spruch und verharrt zugleich irritiert und fasziniert. Die Worte – *wenn es notwendig ist, tue es noch einmal* – aus einem Schülerwettbewerb hervorgegangen, unterstreichen die Metaphorik des Ortes, geben ihm eine merkwürdige Zeitdimension. Man befindet sich in einer an einer Achse aufgefädelten räumlichen Konstellation, abgekoppelt von aller Realität, in einem irrationalen Raum, ja in einem „Raumbeschleuniger" von magischer Intensität, man ist mit einer Art realer Unendlichkeit beschäftigt, verheddert sich wie eine Fliege in einem Lichtstrahl. Der Ort bleibt aber „diesseitig", eher an einen archaischen Kalenderbau erinnernd, das Zwiegespräch mit einer kosmischen Welt ist in eine konkrete poetische Figur gefasst.

Aus welchen Gründen immer, an diesem Mausoleum sind alle surrealen Reliefs und Ornamente verschwunden, lediglich die kalligraphischen Inschriften erinnern noch an die alten Vorlieben des Autors. Grenzen die Nekropolen des Bogdan Bogdanović in ihrer visuell wuchernden Üppigkeit oft an eine Glossolalie der Symbole, so ist das Mausoleum von Popina eine eindrucksvolle Konzentration auf die Elemente der Geometrie und ihrer verwandten skulpturalen Formen. Quadrat, Dreieck und Kreis, unerschöpfliche, weil nicht festlegbare Symbole menschlichen Ordnens und Suchens, sind hier auf eine faszinierende Weise als gebauter Vers in die Landschaft gesetzt. Die Faszination liegt aber nicht so sehr

Kriegermausoleum, Quader mit Gedenkinschrift
Foto: Friedrich Achleitner

im Elementaren und in der Dimension der Anlage, sondern in ihrer poetischen Figur, in der Reihung, Wiederholung, Rhythmik der Elemente. Hier erweist sich Bogdan Bogdanović als ein wahrer Poet, der weiß, dass eine präzise Aussage nicht allein durch die Wörter (Vokabeln) entsteht, sondern durch ihre Beziehung, ihre Konstellation, die den Platz in einen unvergesslichen Ort verwandelt, der sich in die Erinnerung eingräbt und für sich allein schon ein Ort des Gedächtnisses bleibt.

Auch hier ist das so benannte Mausoleum ein sich ausgrenzender Bezirk in der Landschaft, ohne sich de facto auszugrenzen. Fast zufällig sieht man durch das Gebüsch die „Pyramide", wenn man sie nicht schon von der Landstraße her ausfindig gemacht hat. Und man geht wieder weg, ohne das Verlassen inszeniert zu bekommen. Die Achse aber, welche die Steinmonumente verbindet, die imaginäre Röhre, in der der Blick die Konzentration eines Laserstrahls bekommt, bleibt als magisches Element des Ortes zurück.

Ivan Ristić

Den suprarationalen Impulsen gehorchen

Bogdan Bogdanović im Gespräch

Die erste Frage, die sich in Zusammenhang mit Ihrer Memorialarchitektur stellt, ist die ihrer Bedeutung, ihrer Sprache.
Ich mochte nie verbale Exegesen. Selbst den eigenen gegenüber war ich misstrauisch, jenen, um die ich nicht herum konnte.
Gab es wirklich Situationen, wo Sie Ihr Werk erklären mussten?
Mein Schweigen hätte sich schlecht auf die Rezeption der Denkmäler und die allgemeine Freude ausgewirkt, die sie oft begleitete. Man hätte ja gesagt: „Er kann selber nicht erklären, was er gemacht hat!" Was ich übrigens eher als Kompliment denn als Tadel verstanden hätte. In der wankelmütigen Welt der Kunst kann ja alles alles bedeuten. Das durfte ich allerdings meinen gütigen Gesprächspartnern nicht allzu lauthals predigen; sie kannten nur den scheinbar unerschütterlichen Wert des Eindeutigen. Die Mehrdeutigkeit grenzt aufs Gefährlichste an die Hohlheit, daher hätte mein Schweigen in ihren Augen die Grenze zwischen Polysemie und Asemie ausgelöscht.
Anstelle von Symbolen mit begrenzter Wirkung größere Zusammenhänge herstellen, nicht wahr?
Alles simultan, alles auf einmal. Sodass jeder das herausnehmen kann, was seines ist. Standardexegesen haben auf Dauer keine Bedeutung. Die Denkmäler sind eine Realität per se, beginnend mit Nubien oder der sumerischen Kultur, wenn Sie so wollen. Ihre Welt ist autark.
Die Denkmalarchitekturen führen ein Eigenleben? Wenn man sich andererseits vorstellt, was in sie hineininterpretiert wurde und wird, kann man an so etwas wie ein Palimpsest denken – Botschaft über Botschaft, Text über Text.
Alle Bedeutungen, die per Dekret vorgeschrieben sind, verschwinden früher oder später, selbst wenn es um Figuren aus dem Alltag geht. Strauß mit Geige ist nicht mehr Strauß mit Geige. Es ist etwas Neues, etwas, das völlig dem Empfänger der Botschaft überlassen bleibt.
Dieser Strauß ist schlussendlich bloß das Dokument eines Zeitgeistes.
Was aber auch nicht von längerer Dauer ist. Es werden Generationen von Teenagern kommen, die nicht einmal das zu lesen verstehen werden, wobei Strauß zu den begünstigteren Fällen zählen wird. Wie viele Generäle sind hoch zu Ross zu sehen, ohne dass man auch nur annähernd weiß, in welchem Krieg sie agiert haben; Männer, die groß oder doch nicht groß sind, irgendwelche Staatsmänner ... Das ist ein eingefrorenes Theater – bei figurativen Denkmälern, aber genauso bei nichtfigurativen. Denn selbst im Bereich der abstrakten Denkmäler haben sich

Gemeinplätze etabliert, etwa eine Form, die eine Dynamik in sich tragen sollte, die Bewegung, der Blick in die Zukunft, was weiß ich, um nach und nach zu verblassen…

Meinen Sie damit jene abstrakten Formen, denen paradoxerweise eine erzählerische Aufgabe zuteil wird – sowohl in Jugoslawien als auch in den Ostblockländern?

Ja, wobei man dazu sagen muss, dass es in Polen eine Rezeption meines Werkes gab. Die Polen trugen zu einem guten Teil zu seiner Popularisierung im Westen bei. In manchen ostsowjetischen Republiken gab es hingegen einfältige Imitationen – Details, die direkt aus Mostar übernommen wurden, etwa der Mostarer Kreis, der zugegebenermaßen orientalischer Herkunft ist. Den polnischen Bauwerken gebührt hingegen jeder Respekt: Sie sind im gleichen Code, bieten aber einen anderen Text.

Wie ist es Ihnen eigentlich gelungen, die Kluft zwischen Ihrer Universalsprache und der Zweckgebundenheit einzelner Denkmäler zu überbrücken?

Im montenegrinischen Berane hatten meine Auftraggeber zum Beispiel die Idee, einen zwanzig Seiten langen Text auf den Stelen anzubringen. Es ging um die Geschichte der Vasojević-Sippe, die mit einem Mönch Pajsije aus dem 17. Jahrhundert beginnt. Selbst nach meinen Kürzungen blieb dieser Text elendslang. Jedenfalls fand ich einen Trick, um ihn mit Ornamenten zu vermischen, sodass man auf den ersten Blick die Buchstaben gar nicht erkennen konnte. Sie protestierten vehement wegen der Unlesbarkeit, dann beruhigten sie sich plötzlich. Ich war verblüfft. Nach jenem urtümlichen Brauch, wonach der Baumeister nur mit einem von den Handwerkern redet, fragte ich den Chef der Steinmetztruppe nach dem Grund für dieses plötzliche Schweigen. Da dieser aus Pirot in Südserbien war, wo man mit Epik nichts am Hut hat und wo alles mit Humor erwidert wird, sagte er: „Sie müssen es gar nicht lesen, sie kennen es sowieso auswendig."

Dieses Denkmal weist eine sehr gewagte Kombination von Materialien auf: Stelen aus fast schwarzem Granit und einen Kegel, der mit rötlichen Sandsteinplatten verkleidet ist.

Die Stelen sind aus herzegowinischem Gabbro, wobei man Granit sagt, wegen der sprichwörtlichen Bedeutung des Granits. Den Sandstein kaufte ich in Sandžak, nahe der bosnischen Grenze – nicht im Steinbruch, sondern auf einer Art Markt. Es handelte sich übrigens um die Reste eines bereits begonnenen Baus

Partisanennekropole, Mostar (1960–65), kosmologischer Kreis

Ivan Ristić

Steinblöcke für den Gedenkpark in Bihać, Winter 1974/75

oder Denkmals, die ich als dauerhaft einschätzte. Und in Bihać wäre beinahe eine Katastrophe passiert. Wir kauften den Sandstein für das Denkmal und brachten ihn zum Bauplatz – glücklicherweise Anfang Winter, wo man nicht mehr arbeitete. Im Frühling bemerkten wir, dass die Steinblöcke gesprungen waren. Der Investor drohte mit einem Gerichtsprozess. Soweit ich weiß, konnten meine Mitarbeiter dieses Material um einen wesentlich niedrigeren Preis weiterverkaufen und es wurde später für die Pflasterung von Parkanlagen verwendet. Ich zog daraus die Lehre, dass der Stein zuerst probeweise einen Winter überstehen muss. Während das vulkanische Gestein ewig ist, braucht der Sedimentstein einen solchen Test.

Fast unnötig zu sagen, dass Sie am Material Stein wie kein anderer hängen.
Wobei ich derjenige sein muss, der ihm die Form gibt. Wir dürfen ja nicht vergessen, dass auch dieses Material etwas Groteskes an sich haben kann; das Denkmal in Jasenovac ist beispielsweise nicht aus Stein. Gut, die Form ist dort eine solche, die die Verwendung von Stein ohnehin nicht zulassen würde. Von Anfang an ging ich von einem anderen Material aus. In jenen feuchten Gebieten an den Ufern der Save, mitten in der wuchernden Vegetation...

...in Pannonien, wo das Material Stein deplatziert wäre.
Vollkommen deplatziert! Es würde widerlich aussehen. Außerdem würde sich der Stein im dortigen Klima verändern. Gerade dank dieses Umstands konnte ich mein Ingenieursdiplom überzeugend rechtfertigen. In Jasenovac ist nämlich die ganze Statik von mir, da hatten die Statiker nichts hinzuzufügen oder zu ändern. Ich ging in wenigen Monaten die ganze darstellende Geometrie durch, alles, was ich als Student lernen musste; im Gegensatz zu den westlichen Ländern gab es in Jugoslawien keine Architekten, die nicht Ingenieure waren. Kurzum, das ganze Gewicht der Betonblume konzentriert sich auf einen Punkt – auf die mittlere Säule und die Franki-Pfähle, die sie stützen. Heute erinnern mich die pilasterähnlichen Pfosten der Wiener U-Bahn an diese Pfähle. Der arme Dr. Polc, ein Zagreber Statiker, der am positiven Ausgang dieses Unterfangens zweifelte, lebte dann nicht mehr lange. Er starb an einem Herzinfarkt, was bei Statikern oft vorkommt.

Statik und Herzinfarkt. Wie bringen Sie diese zwei Dinge in Verbindung?
Der Infarkt ist jener Augenblick, wo etwas kracht; der statische Fehler bedeutet Infarkt. Diese Analogie zwischen der Sprache und dem Bau ist etwas, wovon ich meine Kollegen und Studenten immer schon überzeugen wollte. In der

Den suprarationalen Impulsen gehorchen – Bogdan Bogdanović im Gespräch

Architektur gibt es unglaublich viele unterirdische Kanäle zwischen Form und Wort. Und noch etwas, abgesehen von dieser sprachlichen Projektion: das Ballett. Da brauchen wir nur an die gestischen Formen in der Barockarchitektur zu denken; diese Architektur ist nichts anderes als eine tänzerische Geste.

Da können wir auch an das analoge Verhältnis zwischen einem Stadtgefüge und einem menschlichen Organismus denken.

Die Stadt ist nach dem Menschen die komplexeste Form mit komplexesten Funktionen – polymorph und polysemisch. Die Stadt lässt sich nicht definieren. Gleich kommt aber die traurige Frage der heutigen Zeit: Wo hört eine Stadt auf? Eher ist San Gimignano eine Stadt als jene Moloche aus zehn Millionen Einwohnern, die wir aus Gewohnheit noch als Städte bezeichnen. Die Tragödie Belgrads ist hingegen eine andere: Es ist groß, aber monoethnisch. Auch das kann nicht auf Dauer bestehen.

Sehen wir uns nun Ihren Tempel in Čačak an. Innen und außen ist er mit eigentümlichen Monstren verziert. Sie sind, wenn wir traditionelle Bedeutungen bedenken, Wächter des Schatzes, des Kultes oder der Tugend. Wesen, die dazu da sind, um den Übergang von einer Welt in die andere zu versperren. Oder auch Symbole des Kampfes des Einzelnen mit sich selbst.

Es geht um eine dramatische und lange Geschichte der Wandlungen, um einen ganzen Roman darüber, wie dies gedieh, und es kam äußerst spontan. Wegen der Verzögerung der Bauarbeiten herrschte unter meinen Auftraggebern in Čačak vorerst Panik, aber man durfte mich nicht unterbrechen. Ich hatte ihnen keine Entwürfe zur Verfügung gestellt, weil sie sich gleich eingebildet hätten, dass sie ohne mich bauen könnten. Sie waren hin- und hergerissen zwischen der Angst vor einem ideologischen Skandal und der Gefahr, dass das Monument womöglich unvollendet bleiben würde, was finanziell eine Katastrophe gewesen wäre. Da ich aber die ideologische Verantwortung für meinen Tempel mit den Monstren übernahm, sorgten sie sich nicht mehr, nicht einmal um die Kosten, die beträchtlich waren. Jedenfalls hatte ich vorgehabt, die Säulen mit einigen Akroterien zu bekrönen, während die übrigen Oberflächen frei bleiben sollten. Es hätte ursprünglich insgesamt zwölf Akroterien geben sollen, und zwar außen, als apotropäisches Motiv. Meine Steinmetze waren aus mehreren Gründen begeistert. Sie hatten mit Monstren zu tun; indem sie nach Zeichnungen meißelten, begriffen sie die Formen erst im Entstehen und freuten sich über diese Formen wie Kinder. Schau, ein Fuchs! Schau, ein Ferkel! Eine volkstümliche

Steinerne Monstren in Čačak vor der Montage, Ende der 1970er Jahre

Ivan Ristić

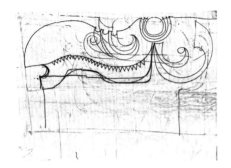

Entwurf für ein Monstrum am Pilaster des Mausoleums von Čačak, Ende der 1970er Jahre
Tintenstift auf Seidenpapier, 54,5 x 73,5 cm

Reaktion. Außerdem war es so, dass sie nach diesem Projekt ohne Arbeit geblieben wären. Sie wären in ihre Dörfer zurückgekehrt, wo sie nur hie und da ein Kreuz für den Friedhof hätten machen können. Sie kamen also zu mir und sagten: Herr Ingenieur, zeichnen sie noch ein paar von diesen Tierchen. Ich zeichnete also, und sie verlangten immer mehr. Und so kamen wir allmählich auf über sechshundert.

Die Entwürfe für die Monstren sind im Maßstab 1:1, alle für die Umsetzung vor Ort vorgesehen.

Man wusste nicht im Voraus, welches Monstrum wohin kommen würde. Jedes konnte in der unteren Zone oder irgendwo unterhalb der Spitze landen.

Teilweise sind es Schnäbel, teilweise auch Mäuler irgendwelcher Reptilien. Manche erinnern an das präkolumbische Amerika.

Ich glaube, dass es bewusst war. Ich hielt an einem Grundsatz fest, der eigentlich nicht meiner war, sich aber vielfach bestätigte – nämlich, dass wir in einer Zeit des totalen Erbens leben.

Alles sei eigentlich retrospektiv…

… und jedes Kind kennt schon alles; alles ist da, unter uns. Wenn ich mich richtig erinnere, geht diese These auf Malraux zurück. Dabei muss ich anmerken, dass nicht alle Zeichnungen zur Baustelle gelangten. Ich nehme an, dass nur jene verwendet wurden, die zweifach „gefärbt" waren. Ich hob sie auf, damit die Vorgehensweise besser sichtbar ist. Das war eher gestisch, also mehr aus der Schulter als aus dem Ellenbogen heraus gezeichnet. Zeichnen und dann mit zwanzig Steinmetzen einmeißeln, das dauerte zwei oder drei Jahre.

Fallweise ahnt man ein Krokodil. Manche sind hingegen abstrahiert.

Ich behielt die Arbeiten, die hochgradig abstrahiert waren, für mich. Ich wollte nicht, dass etwas völlig Unlesbares zum Vorschein kommt.

Andererseits hüteten Sie sich vor allzu expliziten Formen. Manche wurden auch verharmlost, wie etwa eine Reihe von Zähnen, die zu einem „laufenden Hund" stilisiert wurde.

Rein instinktiv. Es ist mir irgendwie fremd, wenn es zu transparent ist, egal von welcher Bedeutungsebene wir reden. Und es gibt selbstverständlich auch unvollendete Zeichnungen. Was ist aber hier wirklich wichtig? Indem ich an diesen Denkmälern arbeitete, erkämpfte ich mir allmählich das Privileg, als Spinner angesehen zu werden, als einer, der irgendwie daneben ist, was aber unter damaligen Umständen äußerst nützlich war.

Den suprarationalen Impulsen gehorchen – Bogdan Bogdanović im Gespräch

Eule in Mali Popović, um 1985

Studentische Studie eines byzantinisierenden Torbaus aus der ersten Planungsphase für das Mausoleum von Čačak, Anfang der 1970er Jahre
Tintenstift auf Seidenpapier, 48,8 x 29,3 cm

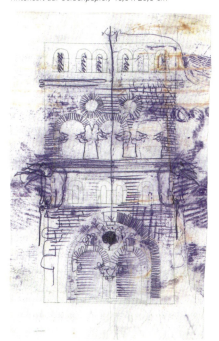

Sie planten in diesen Zeichnungen auch die Tiefe der Meißelung ein.
Ja, aber es gab auch Improvisationen. Ich konsultierte vor Ort den Chef der Steinmetztruppe, ich wollte seine Meinung darüber einholen, ob man gegebenenfalls etwas tiefer schlagen müsste. Diese mündliche Kommunikation ist sehr wichtig. Und ja: Einmal vor Beginn der Winterpause wollten mir meine Steinmetze ein Abschiedsgeschenk machen. Ich entschied mich für jene Eule, die später vor meiner Dorfschule in Mali Popović stand. Damit ich nicht im tiefsten Winter nach Südserbien fahren musste, ließ ich ihnen einfach ein paar Entwürfe zukommen. Meine Generalanweisung lautete: schrecklich und komisch! Eine solche Anweisung muss es nämlich geben, genau wie in der Musik – *tempo vivace, allegro ma non troppo* und Ähnliches. Einige Wochen später meldete sich der Chef: „Herr Bogdan, es wird so sein, wie Sie sagen. Schrecklich ist es auf jeden Fall: Meine Hühner laufen davon. Komisch ist es aber auch: Das ganze Dorf macht sich über mich lustig!"

Die ersten Studien für Čačak wirken eher historisierend. Man möchte an Tekfur Sarayı in Istanbul denken. Oder auch an den sogenannten serbisch-byzantinischen Stil der Zwischenkriegszeit, an Architekten wie Momir Korunović.
Ihm gegenüber bin ich ziemlich ambivalent. Genie oder Idiot? Er hatte Elemente von beidem. Aber es stimmt: Es ging in Richtung Byzantinismus, oder auch Italo-Byzantinismus. Ich war über mich selbst verwundert. Die meisten Zeichnungen sind von meinen Studenten, die dabei assistierten. Wesentlich später fügte ich ihren liebevoll gemachten, aber etwas kindischen Zeichnungen Stützen hinzu. Eine professorenhafte Lektion an den anderen, aber auch eine Art Selbstbefragung. Oft ist es natürlich so, dass die Zeichnung und die Idee einen Wettlauf machen. In diesem Fall konnten die Zeichnungen manche von den Ideen schlicht und ergreifend nicht einholen. Jedenfalls lagen mir typisierte Profile, wie man sie hier sieht, sehr am Herzen. Etwas Ähnliches hatte ich bereits bei meiner Partisanennekropole in Mostar angewendet; sie besteht zur Gänze aus einigen wenigen Profilen, aber in unterschiedlichen Kombinationen.

Als nächste Planungsstufe für Čačak kam ein Tor im Tor. 1974 wurde diese Formel seitens der Jury bewilligt und Sie waren fast dabei, sie auf der Baustelle umzusetzen. An sich markiert ein Tor einen Übergang, einen Wechsel – von außen nach innen, von einem profanen in einen sakralen Raum usw. Wenn sie aber ineinander verschachtelt sind, lassen zwei Übergänge, wie immer sie

Ivan Ristić

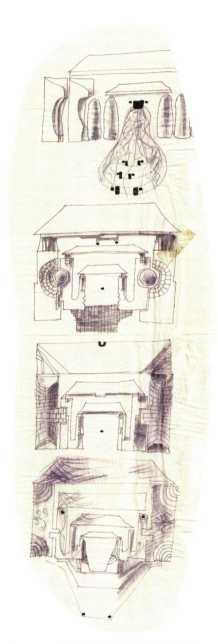

Tor im Tor in einer Studie für das Mausoleum von Čačak, Anfang der 1970er Jahre
Filzstift / Tintenstift auf Packpapier, 91,3 x 30,5 cm

geartet sind, an eine völlig neue, bisher ungeahnte Dimension denken – oder eben an gar keine, an einen Nullpunkt. Wie stehen Sie heute dazu?

Ich habe die beiden seinerzeit als „Tor der Vergangenheit und Tor der Zukunft" bezeichnet. Auch an der ausgeführten Variante besteht das Spannendste darin, dass das Mausoleum dank der Schlitze mal offen, mal verschlossen wirkt. Grundsätzlich lässt sich jede Idee realisieren. Wichtig war mir aber vor allem, die jeweils vorangegangene Technik zu überholen. Ich wollte mich auf keinen Fall wiederholen. Ich spielte gerne mit alten Formen in neuen Kontexten, selbstverständlich auf assoziativer Ebene, ohne direkte Übernahmen.

Bei der ausgeführten Variante denkt man unweigerlich an eine Holzkonstruktion.

Absolut richtig, in Čačak deutet alles auf eine Holzzivilisation hin. Aber das ist eine althergebrachte Geschichte: Die antike Skulptur, die aus Holz ist, und die klassische aus Stein. Die Monstren vom Čačaker Mausoleum sind zweifelsohne eine Anspielung auf die Holzschnitzereien. Diese wurden ins Material Stein übersetzt, quasi als Steinschnitzereien. Ein solches Nachdenken ist eigentlich der romanhafte Teil, die Realisierung ist hingegen eine banale Angelegenheit. Andererseits muss ich sagen, dass auch die Baustelle ihre Reize hat. Vier oder fünf Tage Abwesenheit und die Gedanken darüber, was ich wohl vor Ort vorfinden werde. Man meißelte auf dem Boden; es gibt ein beeindruckendes Foto, auf dem man eine von Monstren bedeckte Wiese sieht. Dann folgte die Montage, und das war das Schönste daran. Manchmal inspizierte ich den Baugrund auch nachts.

Die Phase des Nachdenkens und Konzipierens ist also vorbei. Man geht zur Baustelle und setzt die Vision um. Ist es manchmal vorgekommen, dass Sie in solchen Situationen plötzlich außerhalb Ihrer selbst standen, dass Sie zumindest für einen Augenblick glaubten, nicht bei sich zu sein?

Diese Technik habe ich gut ausgearbeitet. Wir reden hier von heiklen Dingen, es ist schizoid. Nur, ich habe diese Schizo-Ideation akzeptiert. Was gemeinhin für abnormal gehalten wurde, war im Surrealismus normal, ja sogar eine Kampfparole, Programm.

Sie erwähnten Čačak und seine Holzzivilisation, etwas früher den Beton in Jasenovac, der in Ihrem Werk eine große Ausnahme darstellt. Waren Sie im Laufe Ihrer Erkundungen auf dem Terrain auf die regionale Tradition, auf das lokale Idiom fokussiert?

Nicht so sehr. Es war eher so, dass ich Traditionen erfand, oder besser: dass meine Tradition André Breton war. Woraus besteht das Gebot des Surrealismus? Sich dem Unbewussten hingeben und die irrationalen, oder besser: suprarationalen Impulse nicht unterbinden. Im Gegenteil: solche Impulse berücksichtigen, ja sogar ihnen gehorchen. Das ist eine moralische Tat. Das eigene Unbewusste soll nicht malträtiert werden. Wenn schon jemand über jemanden das Kommando haben soll, dann lieber dieses Unbewusste über mich, als umgekehrt. Denn diese unbegreiflich große, geheimnisvolle Sphäre des Irrationalen weiß bestimmt besser als ich, was ich mit und in ihr tun soll. Dabei muss ich mit einer gewissen Zerknirschtheit zugeben, dass ich meine Spielereien nicht ohne eine solide technische und mathematische Bildung betrieb. Der mildernde Umstand besteht darin, dass diese Bildung mit Kontrollfunktion in mir eher bescheiden agierte. Deswegen darf ich behaupten, dass mehr oder weniger alles nach menschlichen, ja sogar allgemeinbiologischen Spielregeln verlief.

Urša Komac, Pablo Guillén

Bogdan Bogdanović und Jože Plečnik

Gemeinsames und Trennendes

Wir können daher behaupten: Der zukünftige große Architekt wird ein Classiker sein. Einer, der nicht an die Werke seiner Vorgänger, sondern direct an das classische Alterthum anknüpft. Adolf Loos [1]

Ein Blick auf das Werk von Bogdan Bogdanović genügt, um zahlreiche Parallelen zum Formenvokabular von Jože Plečnik zu finden: die Ruine, den Bogen, das Kapitell oder die Pyramide. Würden wir ihrem Schaffen ein Etikett verpassen, könnten wir behaupten, dass das Werk beider Architekten in einer Linie mit verfremdeten Klassizismen steht: mit dem Barock, dem Manierismus, dem Geist der Gotik, mit dem Albtraum, dem Irrationalen, der Düsternis und dem kleinen Licht am Ende des Tunnels. Der um zwei Generationen jüngere Bogdanović hatte relativ früh die Gelegenheit, das Werk seines slowenischen Vorgängers kennenzulernen. Er bestätigt stilistische Übereinstimmungen mit Plečnik und gibt sehr unterschiedliche Beweggründe dafür an. Andererseits aber lassen sich im jugoslawischen Kontext kaum zwei andere Architekten finden, die von Herkunft und Ideologie verschiedener sind.

Jože Plečnik (1872–1957), Sohn eines katholischen Tischlers, wuchs in seiner Geburtsstadt Ljubljana im damals österreichischen Kronland Krain auf. Er erhielt eine Ausbildung als Tischler und sollte seinem Vater beruflich folgen, konnte aber bei Otto Wagner an der Akademie der bildenden Künste in Wien Architektur studieren. Adolf Loos beschrieb ihn als einen der talentiertesten Studenten der Wagner-Schule.[2] Plečnik erhielt das Rom-Stipendium, das ihm erlaubte, durch Italien zu reisen und die klassische Architektur vor Ort zu studieren. Die Briefe, die er von Italien aus an seinen Bruder, einen katholischen Priester, schickte, geben viel Aufschluss über seinen Charakter und seine Ideen, seine Schüchternheit und Ernsthaftigkeit, seinen Katholizismus und einen gewissen panslawischen Nationalismus. Er sollte in der Nachfolge Wagners – wohl als *Joseph Pletschnik* – die Leitung der Meisterschule für Architektur an der Wiener Akademie übernehmen, was allerdings an einer politischen Intervention scheiterte. Nach dieser Enttäuschung übersiedelte Plečnik auf Einladung von Jan Kotěra, einem Kollegen aus der Wagner-Schule, 1911 nach Prag. Dort unterrichtete er an der Kunstgewerbeschule, entwarf unter anderem sakrale Gegenstände, betrieb Forschungen zur slawischen Kunst in Mähren und der Slowakei und erhielt den Auftrag zur Renovierung der Prager Burg.

[1] Adolf Loos, *Die alte und die neue Richtung in der Baukunst,* in: Ders.: *Die Potemkin'sche Stadt. Verschollene Schriften 1897–1933* (Hrsg. Adolf Opel), Prachner, Wien 1983, S. 66 (Original in: *Der Architekt,* Bd. IV, Wien 1898)

[2] Loos schrieb 1898: *Und das ist ein höchst seltener Mensch, ein Mensch, der die italienische Luft nöthig hat wie einen Bissen Brot. Denn Pletschnik ist der hungrigste unter unseren jungen Architekten. Deßwegen muß man ihm auch zu essen geben. Des Einen sind wir gewiß: Was er auch immer verbraucht, er wird es uns tausendfach an Kraft zurückerstatten.* In: Adolf Loos, *Aus der Wagner-Schule,* in: ebd., S. 50 (Original in: *Neue Freie Presse,* 31. Juli 1898)

Nach drei Jahrzehnten und einem Weltkrieg kehrte Plečnik 1921 in seine Heimatstadt zurück, wo er in den folgenden Jahren eine Reihe von Aufträgen erhielt. Zwar hatte sich das Stadtbild nach dem Erdbeben von 1895 durch die Bauwerke von Max Fabiani einigermaßen verändert, dennoch war auch von seiner kleinbürgerlichen, mitteleuropäischen Ausstrahlung etliches übriggeblieben. Nun war Ljubljana plötzlich die Hauptstadt der Slowenen und sollte sich durch Plečniks Bauten und städtebauliche Eingriffe auch als solche präsentieren. Plečnik entwickelte einen Stil, der von ihm selbst „etruskisch" genannt und als solcher auch bekannt wurde. Bogdanović meint dazu: *Zwischen erfundener Tradition und falscher nationalistischer Tradition gibt es einen großen Unterschied. Unser Vokabular ist universell. Wenn ich es wage, mich mit Plečnik zu vergleichen, dann deshalb, weil unsere Arbeit die gesamte Geschichte in sich birgt. Das ist kein Eklektizismus, sondern eine Neuinterpretation des Geistes, der in den alten Formen steckt.*[3] Jedenfalls erwies sich das kulturelle Umfeld von Ljubljana als anregend für Plečnik; in Zusammenarbeit mit dem Kunsthistoriker France Stelè gab er dort das Buch *Architectura Perennis* heraus, das seine Architekturphilosophie zusammenfasst: Ernsthaftigkeit und Ehrlichkeit seien angesagt, der Künstler sei ein Werkzeug des Willens Gottes, der Utilitarismus verstelle unseren Weg zu Gott, der Architekt solle nicht nur Gebäude, sondern auch geistige Räume schaffen.[4]

Bogdan Bogdanović hingegen stammt aus einer frankophilen Belgrader Intellektuellen-Familie. Sein Vater war Literaturkritiker, der es in der Nachkriegszeit bis zum Leiter des Nationaltheaters bringen sollte, die Mutter Literaturprofessorin. Als Kind spielte Bogdanović mit russischen Exil-Prinzessinnen, als Jugendlicher machte er fotografische Experimente im Stil Man Rays. Gegen Ende des Krieges schloss er sich den Partisanen an; er wurde durch die Kugel eines Kameraden verletzt und überlebte nur knapp. Zwar versuchte er sich nach dem Abschluss seines Architekturstudiums 1950 in der Sparte Wohnbau, doch stand für ihn bald fest, dass er künftig keine Pläne für Badezimmer und Ähnliches zeichnen wollte. Der Sieg bei einem Wettbewerb für das Mahnmal für die jüdischen Opfer am sephardischen Friedhof in Belgrad stellte einen Wendepunkt in seiner Laufbahn dar. In die frühen 1950er Jahre fiel auch ein kurzer Athen-Aufenthalt; das Tagebuch dazu hatte er bereits vor der Abreise geschrieben; das Einzige, was darin rückblickend nicht zutraf, war die weiße Farbe des in Wirklichkeit gelblich gewordenen Parthenon.[5]

3 Bogdan Bogdanović im Interview mit den Verfassern (9. August 2004)
4 Vgl. Jože Plečnik, France Stelè, Anton Trstenjak, *Architectura Perennis*, Mestna občina Ljubljanska, Ljubljana 1941; um „das Problem des Wesens der Kunst zu lösen", ließ sich Stelè durch den jungen Philosophie- und Psychologiedozenten an der Universität Ljubljana Anton Trstenjak unterstützen; zit. in: Damjan Prelovšek, *Plečnikovi knjigi, Architectura perennis. Napori*, DESSA, Ljubljana 1993, S. 7
5 Bogdanovićs Tagebuch der Akropolis-Reise wurde 1953 in der Belgrader Literaturzeitschrift *Nova Misao* veröffentlicht und von zahlreichen Kritikern hochgelobt, u. a. auch vom späteren Nobelpreisträger Ivo Andrić. Vgl. Bogdan Bogdanović, *Pod akropolisom*, in: *Nova misao* Nr. 10, Jg. 1, 1953, S. 558–570

Urša Komac, Pablo Guillén

Bogdan Bogdanović, Spolienmauer am Denkmal für die jüdischen Opfer des Faschismus in Belgrad
Foto: Ivan Ristić

Plečniks Garten, Pflastersteine
Foto: Urša Komac

6 Svi znamo da ima lažnih ornamenata, onako kao što ima i lažnog smeha. Ali, zato ima i pravog smeha među ljudima! Ako je ornament istinit – svuda oko nas, pa i primenjen u arhitekturi, ako ga nadahnuta ruka stvara, ako se rađa iz iskrenog entuzijazma, ako je rođen zato da živi i ako može da živi – kao što je i do našeg vremena ostala živa mnoga ornamentika prošlosti – čega onda tu ima nepotrebnog ili lažnog? In: Bogdan Bogdanović, *Vrednost ornamenta*, in: *NIN* Nr. 284, Jg. 6, 10.6.1956, S. 8
7 Persönliche Notiz Bogdan Bogdanovićs an die Verfasser (Dezember 2004)

Eine Vielzahl von biografischen Details macht also die Unterschiede in der sozialen Herkunft und den Persönlichkeiten beider Architekten deutlich: Plečnik war ein Asket, Bogdanović ein Bonvivant; Plečnik war Katholik, Bogdanović „Jakobiner" und Surrealist; in Plečniks Bibliothek findet sich wenig außer der Bibel, jene von Bogdanović hingegen ist, sowohl was den Umfang als auch die Qualität betrifft, beeindruckend. Dennoch singt Bogdanović Loblieder auf Plečnik, dessen seltene, aufwändig gestaltete *Architectura Perennis* er bereits 1941 in einem Belgrader Antiquariat erworben hatte. In seinem frühen Aufsatz *Der Wert des Ornaments* (*Vrednost Ornamenta*) ließ er Plečniks Maxime, wonach eine Fassade ohne Dekor wie ein Mensch sei, der niemals lacht, nachklingen: *Wir wissen alle, dass es falsche Ornamente genauso wie falsches Lachen gibt. Und doch gibt es auch echtes Lachen unter den Menschen! Wenn die Ornamente überall rund um uns (auch diejenigen, die in der Architektur Anwendung finden) wahrhaftig sind, wenn sie von einer inspirierten Hand geschaffen werden beziehungsweise einem ehrlichen Enthusiasmus entwachsen sind, wenn schließlich das Ornament geboren wird um zu leben und lebensfähig ist (so wie vieles an Ornamentik aus der Vergangenheit bis in unsere Zeit erhalten blieb), was soll daran überflüssig oder falsch sein?*[6] Zudem sieht Bogdanović in seinem Vorgänger ein Vorbild an kreativer Freiheit: *Von Plečnik habe ich gelernt, wie man ein eigenes System erschaffen, oder besser: wie man einen persönlichen, geschlossenen Kreis der fiktiven Archäologie ziehen kann, in dessen Mitte man Platz nehmen würde. Dies würde bedeuten, von einem selbst geschaffenen Zentrum aus, sich im Kreis drehend und leise lächelnd, die beiläufige (und wie ich annehme: reale), also die übrige Welt zu beobachten. Bei Plečnik hatte dieser innere Prozess ein religiöses Vorzeichen, wenn auch nicht immer ganz nach Kanon; bei mir hingegen war dieses Vorzeichen – si parva licet – ein literarisches und vielleicht ein bisschen surrealistisches, den sentimentalen Erinnerungen aus meiner frühen Jugend entsprechend, was aber – theoretisch betrachtet – fast immer auf dasselbe hinausläuft. Ich habe außerdem von Plečnik gelernt, die kathartische Wirkung der Fantasie zu berücksichtigen; dabei geht es um eine Fantasie, die Abgeklärtheit bewirkt, im Gegensatz zu jener romantischen, die eine (selbstverständlich erhabene) Unruhe schafft.*[7] Plečnik will geistige Räume schaffen, Bogdanović aus seiner Architektur Räume für den Geist machen. Dass beides – wenn auch vor unterschiedlichem ideologischem Hintergrund – gelingt, belegen die folgenden Beispiele.

Bogdan Bogdanović, Kenotaphe für die Opfer des Faschismus in Travnik (Zustand Sommer 2004)
Foto: Urša Komac

Am Beispiel Bogdanović

Das Denkmal für die jüdischen Opfer des Faschismus in Belgrad (1952) ist das erste und gleichzeitig einzige Denkmal von Bogdanović, das mitten in einer Großstadt steht. Es befindet sich auf dem Gelände des jüdischen Friedhofs, auf einer Hochebene in der Nähe der Donau; heute von dicht stehenden Bäumen umgeben, war es früher ein Aussichtspunkt, von dem aus das etwa achthundert Meter entfernte Flussufer zu sehen war. Zwei zyklopische Mauern, die mit der Perspektive spielen, bewachen den Eingang zu einem sakral anmutenden Areal, auf dem der im Zweiten Weltkrieg ermordeten Juden gedacht wird. Die großen Mauern bestehen teilweise aus Bruchstücken alter Gebäude (Gefäße, Blumentöpfe) und Resten des Straßenpflasters, die Bogdanović auf einer Schutthalde gefunden und in die Granitmauern eingefügt hatte, wodurch gewissermaßen Erinnerungstücke anderer Generationen integriert wurden. Einige Jahre nach der Fertigstellung dieses Denkmals ergriff Bogdanović bei einer Ljubljana-Reise die Gelegenheit, Plečniks Haus im Stadtteil Trnovo aufzusuchen; auch hier, im Garten des kurz zuvor verstorbenen Architekten, fand er alte Steinplatten und Gefäße vor, die in das Pflaster integriert waren.

Travnik, was „Wiese" bedeutet, ist eine Stadt im tiefen Bosnien, klein, aber religiös durchmischt, mit orthodoxer, katholischer, muslimischer und jüdischer Bevölkerung. Wer immer nach Travnik kommt, stößt bei einem Spaziergang durch die Grünzone, welche die alte Stadt von der neuen trennt, auf Bogdanovićs Kenotaphe, also symbolische Grabstelen, die den Opfern des Faschismus gewidmet sind. Nicht weit davon entfernt liegen *stećci*, Steinblöcke mit eingemeißelten, eigenartig primitiven Symbolen, die an die Glaubensbewegung der Bogumilen und andere geheimnisumwobene Bewohner aus der bewegten Vergangenheit dieses Landstrichs erinnern. Rundum erheben sich grüne Hügel; es ist kein pathetischer Ort, es finden sich keine Symbole von Schmerz, Trauer oder Ruhm; vielmehr ist es ein guter Ort, sich zu besinnen. Selbst in Travnik geboren, schrieb der Nobelpreisträger Ivo Andrić in seinem Roman *Wesire und Konsuln*: *Man braucht hier nur eine Spanne tief in die Erde zu graben, um auf Gräber und sonstige Spuren vergangener Zeiten zu stoßen. Jeder Acker ist hier ein Friedhof, und zwar in etlichen Schichten; eine Nekropole liegt über der anderen, so wie die Menschen einander durch Geburt und Tod, Epoche um Epoche, Generation um Generation, im Laufe der Jahrhunderte ablösten. Gräber aber sind ein Beweis des Lebens, keineswegs der Verwüstung ...*[9]

[8] Vgl. Bogdan Bogdanović, *A Site for the Spirit. Bogdan Bogdanovic's philosophy explored in extracts from his Midnight Mono-dialogues writing*, in: World Architecture Nr. 9, Jg. 2, 1990, S. 38 – 43
[9] Ivo Andrić, *Wesire und Konsuln*, Paul Zsolnay Verlag, Wien 1996, S. 153f

Urša Komac, Pablo Guillén

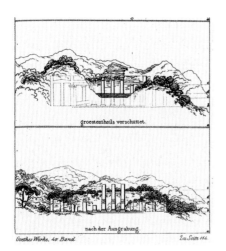

"Jupitertempel" in Pozzuoli in Goethes Rekonstruktionsversuch
Aus: Bogdan Bogdanović, Die Stadt und der Tod, Wieser Verlag, Klagenfurt/Salzburg 1993

Bogdan Bogdanović, Gedenkpark Dudik in Vukovar (Zustand Sommer 2004)
Foto: Urša Komac

10 Jože Plečnik im Brief an seinen Bruder Andrej aus Padua am 26. November 1898. Arhitekturni muzej Ljubljana, Plečnikova zbirka, Bestand: Plečnikova korespondenca z domačimi, Inv. Nr. 4
11 Mögen die Konsuln darauf achten, dass das öffentliche Interesse Ljubljanas keinerlei Schaden nimmt!
In: France Stelè: V obrambo Rimskega zidu v Ljubljani, Spomeniški urad, Ljubljana 1928, S. 20

In der pannonischen Tiefebene, am Rande der kroatischen Grenzstadt Vukovar, ließ Bogdanović 1980 den Gedenkpark Dudik („Maulbeerhain") entstehen. Fünf steinverkleidete Kegel mit Spitzen aus Bronze ragen über die Baumkronen. Nahe am Donauufer gelegen, scheinen zwei Dutzend granitene Fischerboote, über die Wiese verteilt, bereit, flussaufwärts bis nach Wien zu ziehen. Dieses Monument, das den Opfern des Ustascha-Terrors im Zweiten Weltkrieg gewidmet ist, wurde im Balkankrieg teilweise zerstört. Gras und Bäume wachsen an diesem Ort, als ob sie ihn in Besitz nehmen möchten; rund um die Kegel entsteht eine Art grüner Baldachin, der den Eindruck erweckt, er wäre ein Teil der architektonischen Inszenierung.

Während seiner Italienreise hatte Plečnik in einem Brief an seinen Bruder einen gewagten Vergleich gezogen: *Wenn sie [Plečniks Reisenotizen] von Goethe geschrieben [wären], wären diese wohl etwas formvollendeter – aber kaum vollkommener – dafür bürge ich dir.*[10] Der wesentlich wortgewandtere Bogdanović fügte seinem Buch *Die Stadt und der Tod* jene Zeichnungen bei, die Goethes gewagte Theorie zu den Ruinen des sogenannten Jupiter Serapis Tempels in Pozzuoli illustrieren; der Tempel aus der Römerzeit sei durch eine Naturkatastrophe teilweise zerstört worden und hätte bis zum Beginn der Ausgrabungen einige Jahrhunderte vergessen und halb verschüttet überdauert. Bogdanović, der gerne davon schwärmte, dass seine Denkmäler Überresten einer vergangenen Zivilisation gleichen würden, stellte sich in einer Gegenüberstellung zu Goethes Rekonstruktionsversuch die Kegel von Vukovar als Dächer einer versunkenen gotischen Stadt vor; in Plečniks Tagebüchern finden sich sowohl Zeichnungen von Ruinen als auch Anmerkungen, in denen Piranesi erwähnt wird.

Am Beispiel Plečnik

Im Jahr 1928 veröffentlichte France Stelè ein Buch, in dem er ausdrücklich feststellt, dass über so wichtige Dinge wie die Erhaltung oder Zerstörung der römischen Mauer in Ljubljana nicht die Allgemeinheit entscheiden solle. Stelè wollte die Mauer retten und unter der Anleitung Plečniks rekonstruieren: *Caveant consules ne quid detrimenti capiat res publica labacensis!*[11] Im selben Jahr begonnen und 1937 vollendet, ist Plečniks Rimski zid (römische Mauer) weit entfernt von einer genauen Rekonstruktion der Mauer aus der Zeit des römischen Emona. Vielmehr war Plečnik darum bemüht, einen Idealtyp der Antike, oder besser: einen eigenen Klassizismus zu schaffen. Es ging darum, eine

kulturelle Verbindung mit dem mediterranen Raum und mit Rom zu legitimieren; da ihm möglicherweise die Vorstellung gefiel, etruskische Ahnen zu haben, behauptete Plečnik außerdem immer wieder, dass die Slowenen von den Etruskern abstammen.

Zweieinhalb Jahrzehnte nach der Fertigstellung der römischen Mauer sollte auch Bogdanović den persönlich empfundenen Genius loci materialisieren. Im wojwodinischen Sremska Mitrovica, dem antiken Sirmium, entstanden rund um den Mittelpunkt der Gedenkstätte für die Opfer des Faschismus Erdpyramiden. Nicht durch die verwendete Form (eigenen Aussagen nach ließ er sich vor allem durch Grabhügel aus der Zeit der Völkerwanderung anregen), sehr wohl aber durch das Heranziehen einer urtümlichen Architektursprache per se trat Bogdanović in einen Dialog mit der Vergangenheit.

Die Ljubljanaer Burg teilt sich die Spitze des Hügels mit dem gegenüberliegenden Schutzwall, dem Šance. Für eine umfassendere Renovierung fehlte Geld, daher setzte Plečnik auf seinen Erfindergeist und schuf 1935 ein labyrinthartiges Ensemble, das dem Besucher gleichsam Überraschungseffekte im Stile der Zeichnungen von M.C. Escher bietet. Dieses Raumerlebnis ist der Lohn für jene, die den Hügel zu Fuß bewältigen. Autos dürfen nicht zufahren, die Touristenmassen kommen über die Burg nicht hinaus; somit lädt Šance dazu ein, allein die Erinnerung des Ortes auf sich einwirken zu lassen.

An der Ljubljanica, flussaufwärts von Tromostovje im Herzen der slowenischen Hauptstadt, gleich nach der Einmündung der Gradaščica, liegt die Promenade von Trnovo (1935–36). Die Stufen der Landeplätze erinnern an die Ränge eines griechischen Theaters, nur, dass sie nicht eine Bühne umgeben, sondern dem Lauf des Flusses folgen. Seit vielen Jahren schon verkehren hier keine Schiffe mehr, stattdessen bietet sich ein Schauspiel der Weiden, die sich im gestauten, sanft gewellten Wasser spiegeln. Es ist nicht möglich, sich zweimal im selben Fluss zu spiegeln. Die Wasser des Flusses sind gewiss nie dieselben, doch (um Borges zu paraphrasieren) auch eine Person wird im Strom des Lebens nie dieselbe bleiben.

Jože Plečnik
Rimski zid (1928–37)
Šance (1934–35)
Uferpromenade in Trnovo (1935–36)
Fotos: Urša Komac

Heike Karge

Von Helden und Opfern

Eine Analyse der Erinnerungskultur zwischen Pietät und Ideologie

Öffentliche Anerkennung fanden in Jugoslawien all jene Toten des Zweiten Weltkriegs, die nicht als Angehörige oder Unterstützer der Besatzungstruppen beziehungsweise als einheimische Kollaborateure ums Leben gekommen waren. Als gefallene Kämpfer oder als Opfer des Faschismus wurden sie auf Jubiläumsfeiern geehrt. Viele erhielten posthum den Status eines „Volkshelden" verliehen. Den Hinterbliebenen wurden Kriegsrenten und Sozialvergünstigungen gewährt, Denkmäler und Gedenktafeln wurden zur Erinnerung an sie errichtet. Es gab wohl keinen Ort im ganzen Land, in dem nicht ein bescheidenes Memorial an den Krieg, an seine Helden und Opfer erinnerte. Bis 1960 waren in Jugoslawien nahezu 15.000 Denkmäler entstanden, meist von den Kommunen finanziert, zur stolzen Erinnerung an „Volksbefreiungskrieg und sozialistische Revolution", wie es im offiziellen Sprachgebrauch hieß.

Wie aber stand es um die Überlebenden des Krieges? Wer galt hier als Held, als Opfer, und wer wurde nicht – oder nur am Rande – wahrgenommen? Nach welchen Prinzipien entschied die politische Führung des Landes Jugoslawien, an welche der Überlebenden man sich erinnern sollte und welche man zu ignorieren hatte?

Diese Frage stellte sich selbstverständlich nicht in Bezug auf all jene, die in den Reihen der Partisanen gekämpft hatten. Tot oder überlebend standen sie in den 45 Jahren nach dem Krieg an der Spitze der öffentlich Geehrten. Sinnträchtiges Symbol für das so zentrale Heldenbild des kämpfenden Partisanen war der Nationalpark Tjentište/Sutjeska, ein Partisanen-Gedenkort in den Bergen Bosnien-Herzegowinas. Hier wurde den Helden Respekt auf höchstem Niveau gezollt. Die Schlacht von Sutjeska im Sommer 1943 wurde zum größten Kriegsepos im sozialistischen Jugoslawien, zum all-jugoslawischen Anlass von Heldenerinnerung. Gestalterisch umgesetzt in einem riesigen Nationalpark samt monumentalem Siegesdenkmal, nahmen die Arbeiten an der Fertigstellung des Gedenkkomplexes ab 1954 einen Zeitraum von beinahe 20 Jahren ein. Ein aufwändig inszenierter Kriegsfilm namens *Sutjeska*, mit internationaler Starbesetzung – Richard Burton als Josip Broz Tito – wurde diesem pompösen Gedenkort im Jahr 1972 zur Seite gestellt.

Und wie stand es um die überlebenden Deportierten und Internierten, um diejenigen, die als Zwangsarbeiter oder in Gefangenschaft den Krieg überlebt hatten? Es verwundert wohl kaum, dass all diese – wenn überhaupt – sich nur an den Rändern offiziellen Kriegsgedenkens wiederfanden. Denn während die

Denkmal von Miodrag Živković
in Tjentište/Sutjeska, 1971
Foto: Wolfgang Thaler

Angehörigen derjenigen, die in den Lagern umgekommen waren, Gedenkurkunden und – wenn auch geringe – Sozialvergünstigungen erhielten, gingen die Überlebenden der Lager leer aus. Sie führten – erinnerungspolitisch – ein Schattendasein.

Die Unterscheidung zwischen jenen, die in den Lagern ihren Tod fanden, und jenen, welche die Lager überlebten, ist entscheidend – wenngleich sie kein genuin jugoslawisches Phänomen ist. Auch im Westen Europas wurden, zumindest in den 1950er Jahren, die Altäre der Vaterländer mit den zahllosen Opfern aufgefüllt, die – angeblich in „patriotischer Pflichterfüllung" – ihr Leben in den Lagern lassen mussten. Die Sinnleere des Sterbens in diesem Weltkrieg, die heute im Gedenken an den Holocaust ihren zentralen Brennpunkt findet, war in den 50er Jahren noch lange nicht auf der Agenda der europäischen Staaten – weder im Westen noch in Osten. Jugoslawien bildete hier keine Ausnahme.

Allerdings blieb die Anerkennung der Qualen derer, die in den Lagern umgekommen waren, in Jugoslawien auch weit über die 50er Jahre hinaus nicht mehr als ein Lippenbekenntnis. Das verdeutlicht vor allem der Umgang mit den historischen Stätten des Leidens, den Konzentrations-, Sammel- und Gefangenenlagern, die sich auf jugoslawischem Territorium befunden hatten. Sie wurden in den Jahren nach dem Krieg weder gepflegt noch zu Gedenkstätten umgewandelt, sie wurden einfach vergessen. Genannt seien hier nur einige wenige, wie das ehemalige Ustascha-Konzentrationslager Jadovno bei Gospić in Kroatien, verwahrlost bis in die Mitte der 70er Jahre hinein, abgesehen von einer Gedenktafel, die 1957 von der Gesellschaft „Die fortschrittliche Frau" aus Grubišno Polje angebracht wurde. Ein anderes Beispiel ist das ehemalige italienische Konzentrationslager auf der Insel Molat, wo ebenfalls bis zur Mitte der 70er Jahre nichts als eine schlichte Gedenktafel an die Opfer des Lagers erinnerte. Auch das ehemalige Konzentrationslager Banjica im gleichnamigen Vorort von Belgrad in Serbien, das Lager Sajmište auf dem alten Belgrader Messegelände sowie der berüchtigte Erschießungsplatz Jajinci waren zu diesem Zeitpunkt verödete, vergessene Orte.

Das wohl eindrücklichste Sinnbild für die Marginalisierung der Lageropfer ist – vor der Einweihung der „Steinernen Blume" – zweifellos Jasenovac. Es war als das größte Konzentrationslager im faschistischen Kroatien in erster Linie ein Ort des Todes, ein riesiges Gräberfeld, so wie auch Sutjeska ein Ort des Todes war. Der entscheidende Unterschied zwischen beiden lag jedoch wohl darin, dass

Heike Karge

es sich bei Jasenovac nicht um Partisanengräber, sondern ausschließlich um Gräberfelder von Opfern des faschistischen Massenterrors (so der offizielle Sprachgebrauch) handelte. Zweifellos erschwerend kam hinzu, dass das KZ Jasenovac eben nicht von deutschen, italienischen oder anderen fremden Okkupationsmächten geführt worden war, sondern vom Verwaltungsapparat des kroatischen Ustascha-Staates selbst.

Man muss folglich fragen, was eigentlich überhaupt dazu führte, Bogdan Bogdanović die Planung eines Denkmals für die Opfer von Jasenovac anzuvertrauen. Warum entschieden sich Tito und seine politischen Mitstreiter im Jahr 1960 für dieses Unterfangen? Wo und wie wurde der Umgang mit diesem schwierigen Ort bis dahin verhandelt – einem Ort, an dem nicht kämpfender Helden, sondern ermordeter Serben, Juden, Roma, Kroaten und anderer gedacht werden musste, einem Ort, der sich der offiziell postulierten „Brüderlichkeit und Einheit" und dem damit verbundenen Pathos schlichtweg entzog?

Antworten auf diese Fragen sind nicht leicht zu finden. Außerordentlich überraschend ist aber, dass Bogdanovićs monumentales Projekt, das schließlich im Jahr 1963 der Republik Kroatien zur Ausführung und Finanzierung anvertraut wurde, massiv von dem abweichen sollte, was nur ein Jahr zuvor in höchsten politischen Kreisen debattiert worden war.

So wurde bis 1959 die Gestaltung von Jasenovac in einem politischen Organ verhandelt, über welches recht wenig bekannt ist. Der „Ausschuss zur Kennzeichnung und Errichtung historischer Stätten des Volksbefreiungskriegs" war in Belgrad ansässig und wurde direkt vom jugoslawischen Bundesexekutivrat finanziert. Es war ein Organ, das als *der* zentrale jugoslawische „Erinnerungs-Think-Tank" bezeichnet werden kann: Hier wurden die monumentalen, prestigeträchtigen Gedenkobjekte wie zum Beispiel Sutjeska geplant. Wie es Jasenovac überhaupt schaffte, in die Pläne dieses Ausschusses aufgenommen zu werden, ist weitgehend ungeklärt. Wir wissen jedoch, dass Belgrad mit der Begründung, Jasenovac sei „Sache aller Republiken Jugoslawiens", einer bereits im Jahr 1952 tätigen lokalen Initiative zum Bau einer Gedenkanlage den Boden entzogen und damit die alleinige Entscheidungsgewalt über Jasenovac an sich gerissen hatte.[1] Im genannten Belgrader Ausschuss wurde die Frage Jasenovac fast ein Jahrzehnt lang verhandelt, ohne dass die jugoslawische Öffentlichkeit davon erfuhr.

Ganz tatenlos war diese zu jener Zeit allerdings nicht. Ja, man könnte behaupten, dass es in beträchtlichem Maße die Angehörigen der Opfer und die

1 Glavni Odbor SUBNORH Zagreb Inicijativnom odboru za gradnju spomenika žrtvama fašizma Jasenovac [Der Hauptausschuss des Bundes der Vereinigungen der Kämpfer des Volksbefreiungskrieges Kroatien in Zagreb an den Initiativausschuss zum Bau eines Denkmals für die Opfer des Faschismus Jasenovac], datiert 23.08.1952. Kroatisches Staatsarchiv Zagreb, Fond 1241/2, SUBNORH, Republikausschuss, kut. 47, b.b.

Gelände des ehemaligen Konzentrationslagers in Jasenovac vor der Errichtung der Gedenkstätte
Foto: Gedenkstätte Jasenovac

Überlebenden der Lager waren, die durch ihre öffentliche Präsenz dafür sorgten, dass Erinnerung an diesem qualvollen Ort überhaupt stattfinden konnte. In den Archiven der heutigen Gedenkstätte Jasenovac finden sich viele Hinweise darauf, dass sie bereits unmittelbar nach Kriegsende regelmäßig kleine Gedenkveranstaltungen organisiert hatten. Sie trafen sich und entzündeten Kerzen an einem Ort, der über Jahre hinweg eine Brachlandschaft war.

Vom 1952 in Novska / Jasenovac gegründeten Gedenkausschuss war bereits die Rede. Diese Initiativen hatten lokalen Charakter, waren relativ klein und hätten für sich allein genommen Belgrad kaum zwingen können, das Schweigen über etwaige Pläne zu Jasenovac zu brechen. Eine ganz andere Situation entstand aber, als sich am Übergang von den 50ern zu den 60er Jahren in vielen Teilen Jugoslawiens die ersten Verbände ehemaliger Lagerinsassen organisierten. Diese waren es, die den Druck auf Belgrad massiv verstärkten. Es ist ihren öffentlichen Aktivitäten zu verdanken, dass zum Beispiel am 4. Juli des Jahres 1963 mehr als zehntausend Menschen an einer informellen Gedenkveranstaltung in Jasenovac teilnahmen – während es im Jahr 1956 nur knapp siebenhundert gewesen waren. Dieses Zusammenkommen von zehntausend der Opfer von Jasenovac gedenkenden Menschen war in den Augen der politischen Führung eine mit Besorgnis wahrgenommene „öffentliche Demonstration" zu einem Zeitpunkt, als Bogdanovićs Blume zwar bereits genehmigt, aber der Öffentlichkeit überhaupt noch nicht bekannt war.[2]

Konkrete Hinweise, wie und aus welchen Gründen es im Jahre 1960 schließlich zu einer geschlossenen Ausschreibung für Jasenovac kam, liegen bislang nicht vor. Dass die Ausschreibung überhaupt stattfand und ihr Ergebnis, die „Steinerne Blume" Bogdanovićs, tatsächlich realisiert wurde, ist wohl weniger den Arbeitsplänen der Belgrader Führung, als vielmehr dem öffentlich manifestierten Druck der Überlebenden zu verdanken. Es waren die Stimmen von Menschen, die sich Erinnern und Gedenken nicht einfach nur „verordnen" ließen und somit den Opfern von Jasenovac zum öffentlichen Gedenken verhalfen.

Das wird insbesondere deutlich, wenn man sich vor Augen hält, welche Art von Planung zu Jasenovac im Belgrader Ausschuss nur ein Jahr vor der Ausschreibung eigentlich debattiert worden war. Dokumente in historischen Archiven Belgrads belegen, dass noch im Jahr 1959 einem großen Denkmal auf dem ehemaligen Lagergelände von Jasenovac eine klare Absage erteilt worden war. Hochrangige Politiker Nachkriegsjugoslawiens wie Aleksandar Ranković

---

[2] Stenografske bilješke sa sastanka za podizanje spomenika u Jasenovcu [Stenografische Notizen der Sitzung zur Errichtung eines Denkmals in Jasenovac], datiert 10.04.1964. Kroatisches Staatsarchiv Zagreb, Fond 1241/2, SUBNORH, Republikausschuss, kut. 294, b.b.

Heike Karge

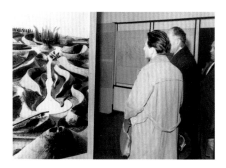

Präsentation des Siegerprojekts für die Gedenkstätte Jasenovac im Zagreber Museum der Revolution, März 1963

und Rodoljub Čolaković, Mitglieder des Belgrader Ausschusses, begründeten dies damit, dass die Opfer von Jasenovac eben doch etwas anderes, nämlich vor allem *weniger* bedeuteten, als zum Beispiel die Opfer von Sutjeska: „Denkmäler sind teuer, und wir sollten diese Lösung ausschließlich anwenden, wo die Rede von etwas Erhabenem, Großem in einem anderen Sinne ist – zum Beispiel ein Denkmal der Revolution. Jasenovac soll schön und bescheiden hergerichtet werden. Unsere Gemeinschaft hat nicht viel Geld, und es wäre nicht schicklich, Geld für teure Denkmäler zu verschwenden." [3]

Nun, für Sutjeska wird zu genau dieser Zeit durchaus viel Geld „verschwendet". Aber wie Čolaković ja auch selbst sagte: Jasenovac stand eben einfach nicht für etwas „Großes". Niemand war hier im Kampf gefallen, sondern die Masse der Opfer war wehrlos und buchstäblich abgeschlachtet worden. Es wurde sogar überlegt, ob ein Denkmal, wenn überhaupt, am Ort des historischen Geschehens selbst stehen müsse. Ein bescheidenes Denkmal für die Opfer von Jasenovac sollte, nach Rankovićs Plänen, an der nahe vorbeiführenden Autobahn sein, da das Dorf Jasenovac selbst keinerlei touristische Anziehungspunkte aufweise. Ein anderes Mal wird Ranković sogar dafür plädieren, das Denkmal ganz vom historischen Geschehen in Jasenovac zu trennen: ein Plädoyer für ein Denkmal für *alle* Opfer des Krieges statt allein für die Opfer dieses Lagers, das weit von Jasenovac entfernt errichtet werden sollte. Pietät gegenüber den Opfern und deren Angehörigen war kein Entscheidungsmaßstab jugoslawischer Erinnerungspolitik.

Trotzdem gibt es heute ein Denkmal für die Opfer von Jasenovac, und nicht für alle Opfer, das auch nicht an der Autobahn, sondern, trotz der schlechten touristischen Perspektiven des Ortes (die wohl erst seit dem letzten Krieg wirklich schlecht sind), direkt auf dem Gelände des ehemaligen Konzentrationslagers errichtet wurde. Aufgrund seiner Monumentalität kann man es – immerhin – von der Autobahn aus sehen.

Jasenovac und Sutjeska waren, einmal errichtet, bedeutsame Orte der Erinnerung in Jugoslawien. Jeder, der in diesem Land aufgewachsen ist, kennt sowohl Jasenovac als auch Sutjeska aus Schulbüchern und Filmen, von einem Besuch während einer Klassenfahrt. Sind also beide Orte nach ihrer Fertigstellung nun endlich gleichrangig geworden? Waren die Opfer und die Überlebenden von Jasenovac den Partisanen des Krieges erinnerungspolitisch ebenbürtig?

[3] Zajednička sednica Izvršnog odbora Centralnog Odbora SB NOR-a Jugoslavije i Odbora za obeležavanje i uredjivanje istorijskih mesta iz NOR-a [Gemeinsame Sitzung des Exekutivausschusses des Zentralausschusses des Bundes der Kämpfer des Volksbefreiungskrieges Jugoslawiens und des Ausschusses zur Kennzeichnung und Herrichtung historischer Stätten des Volksbefreiungskrieges], datiert 13.01.1959. Archiv Serbiens und Montenegros, Belgrad, Fond 297/17, SUBNOR, b.b.

Von Helden und Opfern

Nein. Vieles spricht dafür, dass es weiterhin Sutjeska allein vorbehalten bleiben sollte, *das* gesamtjugoslawische Symbol einer ruhmreichen Kriegsvergangenheit zu sein. In der Sprache der Politik: Tito sollte Jasenovac nicht ein einziges Mal besuchen, nicht einmal zur Enthüllung von Bogdanovićs Denkmal im Rahmen einer großen Zeremonie. Auf Sutjeska dagegen weilte der Staatschef mehrmals, als Privatperson zur Erholung und im Staatsamt zu den dort abgehaltenen offiziellen Feierlichkeiten. Auch die harten Fakten sprechen beredt: Denn Tito, der höchstpersönlich bei beiden Orten vom Recht der letzten Entscheidung Gebrauch machte, also über Gestaltung und Finanzierung beider Projekte bestimmte, verfügte, dass der Bund die Gesamtfinanzierung des Monumentalprojekts Sutjeska übernehmen sollte. Von der Ausarbeitung der Ideenskizzen bis hin zur Umsetzung auf dem Gelände selbst bezahlte dieser alle Kosten. Anders Jasenovac, welches nach der abgeschlossenen Ausschreibung von Kroatien allein finanziert werden musste.

Wir wissen, dass die Blume von Bogdan Bogdanović die politische Führung zutiefst verstört hatte. Aber Tito und seine Mitstreiter müssen zugleich begriffen haben, welches außerordentliche Angebot Bogdanović der jugoslawischen Gesellschaft damit wirklich unterbreitete. Denn im Unterschied zu allen früheren Ideen und Projekten, die zu Jasenovac entworfen worden waren, hat allein Bogdanović es verstanden, den Opfern dieses sperrigen Erinnerungsortes ein würdiges Denkmal zu setzen. Ein Denkmal, das über Jahrzehnte hinweg von den Überlebenden vergeblich eingefordert worden war. Bogdanovićs sich öffnende Blüte mahnt, hofft und ruft zur Versöhnung an einem Ort, an dem die Überlebenden und Hinterbliebenen im Beieinandersein, im öffentlichen Raum und ohne Pathos ihrer Toten gedenken können.

Feierliche Eröffnung der Gedenkstätte
Jasenovac am 4. Juli 1966

Dragana Milovanović

Die Lehre des Bogdan Bogdanović

Reformen und die „Dorfschule für Philosophie der Architektur"

An einem Vormittag im Spätherbst 1970, nach der zweiten oder dritten Vorlesung, trat ins überfüllte Amphitheater der Architektonischen Fakultät in Belgrad ein Herr mit ernster Miene. Unter den verwirrten Studienanfängern wurde es zuerst still. Dann wurde geflüstert: „Das ist der Dekan." Ich zählte zu jener Mehrheit, die zwar wusste, dass der Dekan so und so hieß und dass dieser Name im Beruf, den wir gerade antreten wollten, eine bedeutende Rolle spielte, doch das war schon alles. Jedenfalls kamen wir uns sehr wichtig vor, als wir seiner Begrüßungsrede lauschten. Nachdem die folgende Unterrichtsstunde verflogen war, kam eine lange Mittagspause, die ich statt im Studentenrestaurant „Domovina" in Buchhandlungen verbrachte; ich wollte zumindest eines von den Büchern unseres Dekans auftreiben. Das erste, das mir dann überhaupt in die Hände kam, war *Urbanistische Mythologeme*. So gestaltete sich meine erste Begegnung mit Bogdan Bogdanović – dem Professor, dem Baumeister, dem Reformer.

Der Professor und Baumeister
Von Anfang an war klar, dass er anders war als alle anderen. Es ist schwer zu erklären wie, aber er hat uns jenes Lampenfieber genommen, das wir sonst beim Ansprechen eines Professors spürten. Zwar blieben der Respekt und jene Palette an Gefühlen, die eine Person mit Autorität auslöst, also ein Professor-Schüler-Verhältnis; von Angst, Verwirrtheit oder auch nur Unbehagen jedoch keine Spur.

Meine erste Tätigkeit und meine ersten längeren Gespräche mit Professor Bogdanović bezogen sich auf den Reformprozess in unserer Schule, auf die Neue Schule, aber dazu später. Hier soll es um Bogdanović als Lehrer gehen und auch darum, wie ich ihn als Baumeister wahrnahm.

Der Großteil unserer Generation schaffte es fristgerecht bis zum vierten und letzten Studienjahr; unsere Vorlieben für diese oder jene Bereiche der Architektur waren weitgehend ausgeformt – vom trockenen Ingenieurtum bis hin zur „reinen Kunst". Programmgemäß sollte uns Professor Bogdanović in diesem letzten Studienjahr ein Semester lang wöchentlich unterrichten, doch man teilte uns am Anfang mit, dass es Änderungen gebe; der Professor würde einen ganzen Nachmittag mit uns verbringen, weitere Arbeitsschritte sollten erst vereinbart werden. Ich wartete nun bang auf das, was folgen sollte; man hatte aus dem Zimmer des Professors seinen Schaukelstuhl gebracht und in die Mitte des großen Amphitheaters gestellt, was auf etwas Besonderes hindeutete. Die Vorlesung begann. Der Professor trat ein, setzte sich, richtete einen kurzen Blick auf uns und begann auf eine völlig andere Art und Weise von der Baukunst zu sprechen. Er fragte nach Themen, mit denen wir uns auseinandersetzen wollten, über die wir gerne schreiben würden. Wir hatten zwar schon vorher ein bisschen geschrieben – trocken und nach vorgeschriebenen Schwerpunkten. Nun öffnete sich aber eine völlig neue Dimension, denn alles lag an uns. Es stand uns offen, eigene Aufgaben aus dem Nichts zu definieren. Diese Herausforderung bewegte mich dazu, an Ort und Stelle Worte, Themen und Probleme aufs Papier zu bringen, denen ich bis dato zwar begegnet war, ohne jedoch Zeit zu haben, mich mit ihnen zu beschäftigen. Ich ließ mich von den Gedanken treiben, bis ich plötzlich von einer Stimme aus der letzten Reihe unseres großen Auditoriums aufgeschreckt wurde. Eine Kollegin fragte: „Entschuldigen Sie, Herr Professor, was braucht man, um bei Ihnen einen Vierer zu bekommen?" Mich überkam ein Unbehagen, der Professor antwortete jedoch prompt und mit ruhiger Stimme: „Studentenausweis und Füllfeder." Meine Kollegin, eine liebenswürdige und keine besonders ehrgeizige Person, ging die Treppe hinunter, gab dem Professor, was er verlangte, und bekam ihre positive Note. Diese Szene verfolgte mich lange, sowohl wegen des peinlichen Benehmens einer Studentin im letzten Studienjahr, als auch wegen der Gelassenheit des Professors. Als ich ein paar Jahre später die Gelegenheit bekam, mit ihm darüber zu sprechen, fiel sein Kommentar schlicht aus: „Die Forschungsarbeit wird nicht um der Note willen betrieben. Man will sie tun, oder man will nicht. Wenn jemand keine Affinität hat und die Sache im Leben ohnehin nicht brauchen wird, warum sollte ich ihn damit quälen?" Diese Anmerkung Bogdanovićs brachte das Wesen der alten Schule auf den Punkt, die wir gemeinsam mit ihm zu reformieren versuchten.

Im letzten Studienjahr beschloss ich, meine Diplomarbeit Ćele-kula zu widmen, einem einzigartigen und damals vollkommen vernachlässigten Kulturdenkmal in der Nähe meiner Geburtsstadt Niš.[1] Da ich fest der Überzeugung war, dass eine Diplomarbeit nur bei jemandem vom Lehrstuhl für Entwerfen einzureichen ist, wandte ich mich mit meinem Anliegen an einen Dozenten, der in den ersten beiden Studienjahren unsere Gruppe betreut hatte. Er akzeptierte mein Thema, jedoch mit einer für mich schockierenden Anmerkung: Wunderbar, wir werden neben dem Monument auch ein kleines Motel planen." Der Zufall wollte aber, dass ich unmittelbar danach wegen einer administrativen Angelegenheit zu Professor Bogdanović musste. Ich schilderte meinen Fall, worauf er wissen wollte, wieviel Zeit ich mir für meine Diplomarbeit nehmen würde.

[1] Den unter der Bezeichnung Ćele-kula bekannten Turm ließ 1809 die osmanische Obrigkeit aus 952 Schädeln der serbischen Aufständischen errichten, die in der Schlacht bei Čegar gefallen waren; er befindet sich neben der Straße Niš–Niška Banja (Anm. d. Übers.).

Dragana Milovanović

Dorfschule in Mali Popović

Da ich sämtliche Prüfungen fristgerecht abgelegt hatte, wusste ich, dass niemand aus meiner Familie wegen einer etwas längeren Beschäftigung mit der Diplomarbeit Umstände machen würde. Bogdanović sagte also: „Sie werden sie bei mir machen." So begann meine langjährige Arbeit unter seiner Betreuung.

Während meiner fünfzehnmonatigen Arbeit am Diplomprojekt konnte ich all das lernen, wozu es sonst in unserer Schule keine Gelegenheit gab – ob es sich nun um die Art handelte, wie ein Professor den Stift beim Skizzieren hielt (neben dem Kommentar, dies sei für uns genauso wichtig wie für Musikschüler, die zusehen sollten, wie ihr Professor den Geigenbogen halte), oder um einen neuen, interdisziplinären Zugang zu einem architektonischen Problem. In jeder Sprechstunde entdeckte ich etwas Neues über das grundlegende Verständnis der Architektur; ich schrieb etwa einen kurzen Essay, in dem ich neben historischen Fakten auch mein emotionales Verhältnis zu einem Denkmal preisgeben durfte, an dessen Neupräsentation ich sonst vom urbanistischen, architektonischen und konservatorischen Aspekt aus heranging. Ich begann, den Raum auf eine besondere Art und Weise zu empfinden – nicht als etwas, was man mit vorgegebenen Funktionen „bepacken" sollte, sondern als etwas, wodurch eine bestimmte Aussage getroffen wird. Parallel dazu begann ich, mit größter Sorgfalt die Memorialarchitektur meines Mentors zu studieren. Es fiel mir rasch auf, dass sie erheblich anders war als diejenige, die von den damals führenden jugoslawischen Bildhauern geplant wurde. Alsbald begriff ich, dass Bogdanovićs Denkmäler nicht nur von einem besonderen ästhetischen Wert waren, sondern dass sie auch Botschaften trugen, die von Gebildeten leicht abgelesen und von weniger Gebildeten erahnt werden konnten. Es waren Werke, die einen Weg zur menschlichen Seele fanden; Werke, welche die menschliche Seele als etwas seit jeher Vertrautes erkennen konnte. Dies war das erste „Tor", durch das ich eine für mich neue Welt der Architektur betrat.

Nach der erfolgreich abgelegten Diplomprüfung folgten postgraduale Studien. In dieser Zeit rief Professor Bogdanović in einer verlassenen Dorfschule in Mali Popović die alternative Architekturschule ins Leben, die man im letzten Studienjahr als Wahlfach besuchen konnte. Wir vier Absolventen durften uns einer Gruppe von jungen Leuten anschließen, die mit großem Enthusiasmus dabei waren, eine „kleine Zivilisation" zu erschaffen. So entstand die sogenannte „Stadt des Rabut-Tals". Es amüsierte mich zwar, bei diesem „Spiel" mitzumachen, doch fühlte ich mich auch dazu angeregt, ernsthaft die Entstehung einer Welt

Abendsession in der Dorfschule (um 1979)

mitzuverfolgen, die eine eigene Sprache (man prägte eine bestimmte Anzahl von Wörtern, welche auf die Elementarbegriffe einer archaischen Zivilisation bezogen waren), eine eigene Musik (Kommunikation mittels Klanginstrumenten) und eigene Kostüme hatte, selbstverständlich aber auch Architektur mit Bautypen, die auf eine soziale Gruppe auf dem Niveau der „Stadt des Rabut-Tals" zugeschnitten waren. Das Experiment brachte uns dermaßen in Schwung, dass wir es in den vorlesungsfreien Sommermonaten fortsetzten; ob es im Formalen und Organisatorischen Unterschiede zwischen dem laufenden „Programm" und der Sommerschule für Architektur gab, spielte im Nachhinein keine Rolle. Die Ereignisse in Mali Popović erreichten ihren Höhepunkt im September 1980, als das Projekt der „Stadt des Rabut-Tals" als Happening inszeniert und im Rahmen des renommierten internationalen Theaterfestivals BITEF aufgeführt wurde.

Es wäre ungerecht, die enormen Verdienste von Frau Ksenija Bogdanović um die Schule in Mali Popović nicht zu erwähnen. Selbst Universitätsprofessorin, war sie für uns jemand, der dafür sorgte, dass alles tadellos funktionierte und dass unsere Arbeit nicht durch „Banalitäten" wie Hunger beeinträchtigt wurde. Dass man in Popović lebte und nicht nur lernte, belegt auch eine Anekdote. Nachdem alles Nötige für Unterricht und Übungen in das alte Schulgebäude befördert worden war, setzten sich die Studierenden, die dabei geholfen hatten, in den Schatten der alten Linden nieder, worauf jemand von ihnen meinte, es wäre so schön, auf dieser Wiese einen Ball zum Spielen zu haben. Daraufhin verschwand der Professor und tauchte nach einer guten Stunde mit einem Ball auf; es fiel ihm offenbar nicht schwer, sich ins Auto zu setzten, um im fünfzig Kilometer entfernten Belgrad einen Ball zu besorgen. Es war eine jener Gesten, an die man sich ein Leben lang erinnert.

Gute Dinge sind in unserem Land nie von längerer Dauer, und die Schule in Mali Popović bildet hier keine Ausnahme. Eine Zeit lang war sie noch aktiv, um in einem bestimmten Augenblick und aus Gründen, die mir schleierhaft sind, ihre Tätigkeit einzustellen – ein großer Verlust angesichts der Tatsache, dass die dort angewandten Methoden uns zu einem besseren Verständnis jener alten Baumeister verhalfen, die durch Bauwerke auch geistige Inhalte vermittelt hatten; auch half sie uns, Lücken in jenen Architekturen wahrzunehmen, die sich auf das Befüllen des Raums und auf kühle Ästhetik beschränkten und sich nicht zuletzt von „kosmischen Regeln" und der menschlichen Seele entfernt haben; vieles hätte für eine institutionelle Eingliederung der Schule in Popović in den

Happening „Rabut" am 28. September 1980

Dragana Milovanović

Bogdanovićs Bibliothek in Belgrad, Juni 2008
Foto: Sonja Žugić

Universitätsbetrieb gesprochen. Wie dem auch sei, ich arbeitete auch nach meinem Postdiplomstudium unter Betreuung von Professor Bogdanović; einschließlich des Doktoratsstudiums, das dem Thema *Symbolik des Tors* [2] gewidmet war, nahm diese Arbeit fast zwei Jahrzehnte in Anspruch. Der Professor, der seine Arbeit mit Dissertanten in Belgrad fortsetzte – öfter bei ihm zu Hause als in seinem Zimmer an der Architektonischen Fakultät –, geizte weder mit Zeit noch mit dem Wissen eines in die baumeisterlichen Mysterien eingeweihten Renaissancemenschen. Lange Gespräche mit Professor Bogdanović zu scheinbar ganz unterschiedlichen Themen, die aber an einem Punkt, nämlich der Architektur, aufeinander trafen, zählen zu meinen prägendsten Erfahrungen.

Anfang der 1990er Jahre setzte in unserem Land bekanntlich eine unheilvolle Periode ein, in der alles, was auch nur als positiver Trend erkennbar war, zunichte gemacht wurde. Professor Bogdanović verließ 1993 Belgrad in Richtung Wien, behielt jedoch ein wachsames Auge über meine Forschungsarbeit. Gerade dadurch war es mir möglich, in einer Zeit der kollektiven Orientierungslosigkeit mein Selbst zu bewahren und nicht im politischen Treibsand zu versinken, der die Menschen verschluckte und in einer nicht wiedererkennbaren Form ausspie.

Der Reformer

Bekannt vor allem als Nova škola, begann die Reform der Studentenbetreuung und des Studienplans an der Architektonischen Fakultät in Belgrad in jenem Jahr, in dem ich inskribierte. Ich weiß selbst nicht mehr, wie eine Anfängerin aus Niš, die vom Studium in Belgrad noch keine Vorstellung hatte, im Epizentrum der Ereignisse um die Neue Schule landen konnte. Jedenfalls folgte auf die eingangs beschriebene erste Begegnung mit Professor Bogdanović meine Teilnahme an der Unterstützung für seine Reformbestrebungen.

Ich konnte zumindest in Ansätzen den Unterricht nach der neuen Methode miterleben. So waren etwa die Säle in drei Bereiche geteilt; einem Bereich waren nicht mehr als zwölf Studenten zugeordnet und die Tische wie in einem Architekturbüro aufgestellt. Jeder Gruppe wurde ein Assistent, Dozent oder Professor als eigener Mentor zugewiesen; wir arbeiteten als kleine Teams, wobei die Rollen des Entwerfers, des Statikers, des Urbanisten und des Ingenieurs, der für Konstruktionen zuständig war, von Aufgabe zu Aufgabe wechselten. Man arbeitete und sprach miteinander. Parallel zu solchen praktischen Versuchen wurden im großen Amphitheater fast täglich hitzige Debatten geführt. Eine

2 *Simbolizam kapije*, erschienen bei Hiram, Belgrad 2006

Bogdanović und seine Studenten, um 1977

Dreiparteienkommission aus Lehrenden, Architekten „aus der Praxis" und älteren Studenten hatte die Aufgabe, unter Berücksichtigung aller Meinungen und Erfahrungswerte ein Arbeitsprogramm zu entwerfen. Doch wie konnte etwas, was zwar heute weltweit und sogar an unseren Architekturschulen eine Selbstverständlichkeit ist, unter den damaligen Umständen akzeptiert werden? Zwar bleibt der Eindruck, dass der Widerstand gegen die Neue Schule aus der entrückten Welt der Parteikomitees kam; wir waren etwa dem Vorwurf ausgesetzt, viel zu sehr unter westlichem Einfluss zu stehen, man unterstellte uns sogar, dass die CIA selbst ihre Finger im Spiel hätte. Indessen war der wahre Grund ganz banal: Gemäß dem Programm der Neuen Schule sollten Professoren, Dozenten und Assistenten während ihrer gesamten Arbeitszeit die Studierenden betreuen, weshalb die Institutsräumlichkeiten im Dachgeschoss der Fakultät, wo an Wettbewerbs- und Auftragsprojekten gearbeitet wurde, leer geblieben wären. Die Neue Schule scheiterte also am Widerstand innerhalb der Institution.

Die Lücke, die durch dieses Scheitern entstand, konnten zumindest einige wenige durch die Tätigkeit in Mali Popović kompensieren; auch ich zähle zu denjenigen, denen dieses Privileg zuteil wurde.

Vladimir Vuković

Bogdanović als Schriftsteller und Architekturtheoretiker

Das literarische Œuvre von Bogdan Bogdanović umfasst achtzehn Bücher und mehr als fünfhundert sonstige bibliografische Titel. Seine schriftstellerische Tätigkeit erstreckt sich auf einen Zeitraum von über fünfzig Jahren und auf zwei Länder – Jugoslawien und Österreich. In der langjährigen literarischen Tätigkeit von Bogdanović gab es verschiedene inhaltliche Schwerpunkte. Dominant sind allerdings fachliche Themen wie Architektur und Städtebau. Bogdanović schrieb über Städte unter verschiedenen Aspekten, wie dem kulturellen, semiotischen und gesellschaftspolitischen. Er befasste sich intensiv mit den Stadtutopien, ihrem Ursprung und Zweck. Seine Erfahrungen als Denkmalarchitekt ließ er besonders in einige seiner Bücher über Symbole einfließen. Zur Zeit der Jugoslawienkriege schrieb er über die Stadtzerstörungen und in den späten Jahren seines Schaffens veröffentlichte er hauptsächlich Memoiren und Reisenotizen.

Eine wichtige Grundlage für die Laufbahn als Buchautor erhielt Bogdanović in seinem Elternhaus und während der Gymnasialzeit. Der Vater, Milan Bogdanović, war Literaturkritiker, Redakteur und später Direktor des Nationaltheaters in Belgrad sowie Präsident des Schriftstellerverbands. Die Mutter, Mileva, hatte Literaturgeschichte und Französisch studiert und arbeitete als Gymnasiallehrerin. Sie war auch diejenige, die sich in der Familie um eine gepflegte Sprache bemühte; Bogdan soll schon früh durch seine guten Aufsätze positiv aufgefallen sein. In der Zeit, als er das Zweite Belgrader Knabengymnasium besuchte – eine strenge, anationale und politisch liberale Schule –, bekam er durch seinen Vater die Gelegenheit, einige Angehörige des von André Breton beeinflussten Belgrader Surrealistenkreises persönlich kennen zu lernen.

Da er einer der Jüngsten in der Gruppe war, bezeichnete er sich selbst als eine Art „Lehrbub, Geselle oder Anhängsel" der älteren Surrealisten. Die Ideen, die Bogdanović durch diese Kontakte entwickelte, teilte er mit einigen gleichgesinnten Kollegen aus dem Gymnasium, mit denen er auch eine literarische Gruppe betrieb. Zu dieser gehörte unter anderen Milutin Doroslovac, der später unter dem Namen Milo Dor als Schriftsteller in Österreich bekannt wurde.

Bogdanovićs Kontakte mit den links eingestellten Surrealisten trugen auch zu seiner politischen Überzeugung bei und er schloss sich bereits als Gymnasiast der Kommunistischen Jugend Jugoslawiens (SKOJ) an. Im Herbst 1940 begann Bogdanović mit dem Architekturstudium in Belgrad. Während des Krieges in Jugoslawien (1941–45) wurde der Unterricht an der Universität eingestellt. Eine kurze Zeit kämpfte Bogdanović an der Seite von Titos Partisanen, wurde im

Februar 1945 schwer verwundet und schied nach dem Kriegsende als Oberleutnant aus dem Militärdienst aus. Er wurde mit dem Orden für Tapferkeit ausgezeichnet, blieb Mitglied der KP Jugoslawiens und übernahm einige politische Funktionen im neuen sozialistischen Jugoslawien. 1950 schloss er erfolgreich das Architekturstudium ab und begann anschließend am Lehrstuhl für Städtebau als Assistent zu arbeiten. Seine Entscheidung begründete er mit damals tristen beruflichen Aussichten in seiner Heimat. Den Städtebau empfand er als „das kleinere Übel", eine Disziplin mit Bezug zur Geschichte und einem breiten Wirkungskreis.

In dieser Situation bekam Bogdanović durch einen geladenen Wettbewerb im Jahr 1951 die Gelegenheit, sein erstes Bauwerk zu verwirklichen: das Denkmal für die jüdischen Opfer des Faschismus in Belgrad. Diese Erfahrung war ein wichtiger Wendepunkt in seinem beruflichen Leben – nicht nur als Denkmalarchitekt, sondern auch als Schriftsteller. Im Vorfeld des Entwurfs setzte er sich mit der Mystik der jüdischen Kabbala auseinander. Laut eigener Aussage sollen ihn diese Lektüre und das Bauen in Stein damals sehr beeinflusst haben. Bogdanović sagt: „Es war so, als ob sich für mich eine ganz neue Welt öffnete." Kurz danach erschienen seine ersten Artikel und seit diesem Zeitpunkt gingen Schreiben und Bauen für ihn immer miteinander einher.

Nach der Fertigstellung dieses Denkmals wurde Bogdanović sieben Jahre lang kein weiterer nennenswerter Bauauftrag erteilt. In dieser Zeit, die er als „Hungerjahre" bezeichnet, widmete er sich intensiv dem Lesen und Schreiben. 1956 bekam er den Auftrag für eine wöchentliche Rubrik über Städte und Städtebau in der angesehenen Belgrader Tageszeitung *Borba*. Die Rubrik nannte er *Der kleine Urbanismus* (*Mali urbanizam*) als Gegenbegriff zum „großen Urbanismus", wie er die abschreckende städtebauliche Praxis im sozialistischen Jugoslawien jener Zeit bezeichnete. Er plädierte in seiner Rubrik für die Beschäftigung mit den kleinen, aber trotzdem wichtigen Belangen des Städtebaus, für den persönlichen Zugang zur Gestaltung einer Stadt und für die Wiedereinführung des menschlichen Maßes bei der Stadtplanung. Die Rubrik erschien mit einer kürzeren Unterbrechung drei Jahre lang. Die damaligen Reaktionen auf den kritischen und poetischen Zugang Bogdanovićs zum Städtebau waren bei weitem nicht nur positiv. Einige bezichtigten die Rubrik des „bourgeoisen Ästhetizismus" und verlangten ihr Verbot. Im Jahr 1958 kam das erste Buch Bogdanovićs heraus – *Der kleine Urbanismus,* das hauptsächlich aus den Texten

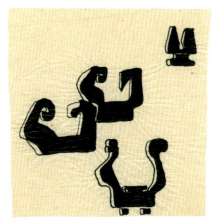

Probeillustration für *Mali urbanizam*, Prosveta, Sarajevo 1958
Tusche auf Transparentpapier, 14,9 x 15 cm

Vladimir Vuković

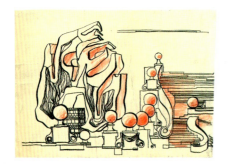

Probeillustration für *Zaludna mistrija*, Nolit, Belgrad 1963
Tusche / Buntstift auf Karton, 27,2 x 38,5 cm

Illustration aus der engeren Auswahl für *Zaludna mistrija*
Tinte / Graphitstift auf Skizzenpapier, 15,2 x 20,9 cm

der gleichnamigen Rubrik bestand. Sowohl die Zeitungsrubrik als auch das Buch waren mit zahlreichen Zeichnungen des Autors illustriert.

Aus der Situation der „Hungerjahre" heraus entstand 1963 ein weiteres Buch Bogdanovićs – *Die müßige Maurerkelle* (*Zaludna mistrija*). Das Buch handelt von einer erfundenen Brüderschaft der goldenen Zahlen, für die nicht praktische Belange des Bauens im Vordergrund stehen, sondern die hauptsächlich an einer inneren Architektur interessiert sind, welche sich wiederum an der höchsten und vollkommensten Zahl, der „Goldenen Zahl", orientiert.

Zu den Mitgliedern der Brüderschaft macht Bogdanović prominente Baumeister und Mathematiker aus verschiedenen Epochen wie Bramante, Palladio, Ledoux, Borromini, Fra Luca Pacioli und bringt sie miteinander in einen Dialog. Das Buch ist eine unterhaltsame Lektüre des Genres „Architekturfantastik" und als Produkt der surrealistischen Vergangenheit des Autors und seiner Beschäftigung mit der Mystik der Kabbala zu verstehen.

Danach folgte im literarischen Schaffen Bogdanovićs eine Phase, in der er streng wissenschaftlich arbeitete. Anfang der 1960er Jahre begann er, an der Belgrader Universität den Gegenstand „Geschichte der Stadt" zu unterrichten. In der Zeit hatte er auch vor zu promovieren. Da er aber schon 1964 aufgrund der Bekanntheit seiner Denkmäler eine außerordentliche Professur erlangt hatte, reichte er seine Dissertation nie ein. Seine Recherchen in diesem Zusammenhang flossen jedoch in zwei weitere Bücher ein: *Urbanistische Mythologeme* (*Urbanističke mitologeme*) aus dem Jahr 1966 und *Urbs & Logos* aus 1976. Im Ersteren befasst er sich mit der Geschichte der Stadt, der Herkunft der „gebauten Berge" – Zikkurats – und setzt sich dabei mit alten Mythologemen auseinander. In *Urbs & Logos* kommen außer Stadtmythologie auch Themen wie „Symbole in der Stadt" und „Tod der Stadt" vor, die in seinem späteren Werk eine wichtige Rolle spielen sollten.

Spätestens ab Anfang der 1970er Jahre war Bogdanović in Jugoslawien sowohl als Denkmalarchitekt als auch als Buchautor etabliert. Die darauf folgenden Publikationen zeichnen sich durch einen unmittelbaren Zusammenhang mit seiner Bautätigkeit aus: *Die Rückkehr des Greifs* (*Povratak grifona*, 1978) und *Der gehörnte Vogel* (*Rogata ptica*, 1979). Seine Erfahrung als Erbauer von Denkmälern erweiterte er hier um die Auseinandersetzung mit dem Thema „Symbole und Ornamentik" in der Architektur. Nachdem er 1973 ordentlicher Professor der Belgrader Universität geworden war, konnte er seinen Interessen auch in

Illustration zum Kapitel „Volute – Auge"
in *Knjiga kapitela*, Svjetlost, Sarajevo 1990
*Graphitstift / Pastellkreide auf Skizzenpapier,
61,3 x 47,8 cm*

einem institutionellen Rahmen nachgehen; er führte den Unterrichtsgegenstand „Symbolische Formen" ein, den er 1976 in seine „halbprivate" *Dorfschule für die Philosophie der Architektur* nach Mali Popović auslagerte. In der Zeit der Dorfschule entstanden auch Zeichnungen und Textfragmente für *Das Buch der Kapitelle* (*Knjiga kapitela*, 1990), in dem auf der Grundlage des klassischen architektonischen Erbes über einen möglichen „surrealistischen Baustil" spekuliert wird.

Im Buch *Ein Glossar der Stadtphänomene* (*Gradoslovar*, 1982) fasste Bogdanović seine Texte aus der Zeit von über dreißig Jahren zusammen. Das war der Hauptgrund für seine Entscheidung, das Werk in Glossarform herauszugeben. Ein weiterer Grund war sein Wunsch, eine Reminiszenz an die Anfänge der slawischen Literatur zu schaffen, als das gesamte Wissen der Zeit in Glossaren erfasst wurde. Viele der Texte waren bereits früher als einzelne Artikel in diversen Zeitschriften veröffentlicht worden. Dieses umfangreiche Buch mit 400 Begriffen zum Thema „Stadt und Städtebau" ist eine gute Quelle für ältere, sonst schwer auffindbare Texte des Autors.

Im Jahr 1986 kam *Der Kreis mit vier Ecken* (*Krug na četiri ćoška*) heraus, *eine dämonenhafte Abhandlung über den okkulten Ursprung pythagoräischer Utopien, ergänzt durch Mitternachtsgespräche zweier pythagoräischer Dissidenten.* Bogdanović arbeitete sechzehn Jahre lang an dieser Schrift, die gleichzeitig seine umfangreichste ist. Er kommt in diesen Ausführungen zu keinem schlüssigen Ergebnis und lässt viele Fragen offen. Formal erinnert der legere Schreibstil an *Die müßige Maurerkelle*. Bogdanović bezeichnete *Der Kreis mit vier Ecken* als Buch der „urbanologischen Fantastik". Zahlreiche Illustrationen, die er in einer surrealistischen Manier zu verschiedenen utopischen Themen zeichnete, werten dieses einmalige Werk auch grafisch auf.

In den 1980er Jahren werden zum ersten Mal gesellschaftspolitische Themen in Bogdanovićs Büchern präsent. Es war die Zeit nach dem Tod von Präsident Tito, in der es schon erste Ansätze der späteren Nationalkonflikte im damaligen Jugoslawien gab. Das Buch *Eeji* aus dem Jahr 1986 besteht aus dem Briefwechsel Bogdanovićs mit der Zagreber Publizistin Rada Iveković. In zwölf Essays surrealistischer Provenienz behandeln die beiden auf humorvolle Weise Themen aus dem alltäglichen Leben, Probleme der Identität des Individuums, menschliche Schicksale und deren Determinierung durch äußere Umstände. Der Titel des Buches verbirgt ein Wortspiel aus „Epistel" und „Essay"; aus diesen beiden Hauptwörtern wird der Ruf „e-ey" („eej").

Vladimir Vuković

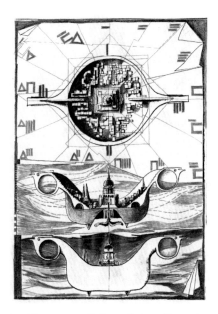

Insel Laputa aus Gullivers Reisen, Illustration für *Krug na četiri ćoška*, Nolit, Belgrad 1986
Bleistift auf Konzeptpapier, 29,8 x 21,1 cm

Zwischen 1982 und 1986 amtierte Bogdanović als Wunschkandidat des liberalen Flügels der KP Serbiens als Bürgermeister von Belgrad. Schon damals kam er oft in Konflikt mit dem national-konservativen Flügel der Partei. Die Auseinandersetzung eskalierte 1987, nachdem er einen offenen Brief an Slobodan Milošević als Vorsitzenden der KP Serbiens adressiert hatte. Den Brief veröffentlichte Bogdanović 1988 im Buch *Tote Knoten. Mentale Fallen des Stalinismus* (*Mrtvouzice – Mentalne zamke staljinizma*). Diese äußerst kritische Schrift über den in der damaligen serbischen Gesellschaft herrschenden politischen Diskurs bedeutete den Anfang einer Zeit täglicher Schikanen für den Autor und seine Frau Ksenija. Im Herbst 1993 beschlossen sie, Belgrad in Richtung Wien zu verlassen.

In den ersten Veröffentlichungen im Wiener Exil thematisiert Bogdanović Krieg, National- und Kulturkonflikte. Er plädiert für das Urbane, Kultivierte, Städtische in einer Zeit der Städtezerstörung. Er sieht einen permanenten Konflikt dieser beiden Pole in einer Gesellschaft und glaubt, in den damals aktuellen Jugoslawienkriegen die Eskalation dieses Konfliktes erkannt zu haben. In den Büchern *Die Stadt und der Tod* (1993), *Architektur der Erinnerung* (1994) und *Die Stadt und die Zukunft* (1997) entwickelt er außerdem eine These über die vorsätzliche Städtezerstörung als Rache des primitiven Menschen an der Stadt, die Produkt und Hort der Zivilisation schlechthin sei.

In der zweiten Hälfte der 1990er Jahre werden in den Publikationen von Bogdanović hauptsächlich Memoiren und Reisenotizen veröffentlicht. Das autobiografische Werk *Der verdammte Baumeister – Erinnerungen* (1997) ist als Einstiegslektüre in seine Denkwelt bestens geeignet. *Vom Glück in den Städten* (2002) enthält inspirierte Reiseberichte des Autors. Das bisher letzte in Deutsch erschienene Buch Bogdanovićs *Die grüne Schachtel* (2007) ist gewissermaßen eine kritische Ausgabe der eigenen Traumnotizen, die hauptsächlich aus der Zeit stammen, in der er als Dissident in Belgrad lebte.

Interessant sind auch die Umstände, die es Bogdanović ermöglicht hatten, in einem sozialistischen Land auf höchst eigenwillige Art Denkmäler entstehen zu lassen und Bücher zu schreiben. Durch einen politischen Zwischenfall nach dem Zweiten Weltkrieg veränderte sich das gesellschaftspolitische Klima in Jugoslawien. Im Jahr 1948 kam es zum Konflikt zwischen dem neu gewählten jugoslawischen Präsidenten Tito und der sowjetischen Führung unter Stalin. Tito widersetzte sich dem Versuch Stalins, Jugoslawien wie auch die anderen osteuropäischen Staaten unter den Einfluss der Sowjetunion zu bringen. Trotz der militärpolitischen Drohungen der Sowjetunion wollte Tito einen eigenen Weg Jugoslawiens in den Sozialismus verfolgen; er sprach sich für eine Liberalisierung der Wirtschaft und eine Dezentralisierung von Partei und Regierung aus, was in der Folge auch einen Liberalisierungprozess in der Gesellschaft einleitete. Gerade von dieser Situation profitierte auch Bogdanović als Denkmalarchitekt und Buchautor.

Einige seiner ersten Denkmäler, wie z.B. in Sremska Mitrovica oder in Prilep, wurden schon in den frühen 1960er Jahren in namhaften internationalen Architekturzeitschriften wie *L'architecture d'aujourd'hui* oder *Casabella* veröffentlicht. Dies passte ins Konzept der politischen Elite Jugoslawiens, die sich von den Sowjets distanzierte und um eine Annäherung an den Westen bemüht war. Zudem genoss Bogdanović als Kriegsveteran und Parteifunktionär ein gewisses politisches Vertrauen. Seine Denkmäler waren zwar abstrakt und seine Bücher politisch nicht einordenbar, aber er stellte die herrschende Ideologie nie infrage. Als bekennender Atheist verwendete Bogdanović im Zusammenhang mit seinen Werken Ausdrücke wie „atheistische Metaphysik", „anthropologische, allgemein menschliche Erinnerung" oder er deklarierte sich als Neopythagoräer, dessen einziger Glaube der Glaube an Zahlen und Symbole war. Solche Aussagen kamen im multiethnischen Nachkriegsjugoslawien gut an, denn man wollte alle Unterschiede ebnen, die dem neuen Vielvölkerstaat im Wege stehen hätten können.

Bogdanovićs Aussagen waren in fachlicher Hinsicht oft gegen den Trend der Zeit. In den Jahren des vorherrschenden Funktionalismus in der Architektur schrieb er Artikel wie *Der Wert des Ornaments* (*Vrednost ornamenta,* 1956) oder *Mit der Maschine oder mit der Hand?* (*Mašinom ili rukom?* 1956), in denen er für Architekturornamentik und traditionelle Bautechnik plädierte. Seine Ansätze über Städte waren zu romantisch und zu philosophisch für einen Architekten jener Zeit. Der Hauptvorwurf seiner Kritiker bezog sich auf die Tatsache, dass er sich nie oder kaum mit den praktischen Problemen der Stadtplanung wie Verkehr, Infrastruktur oder Sozialem befasste, wiewohl es nie Bogdanovićs Ziel war, praxisorientierte Stadttheorien zu entwickeln.

Sein Augenmerk galt den kulturgeschichtlichen Aspekten der Stadtplanung. Es ging ihm vor allem darum, die Stadtplaner und -bewohner zu einer anderen Denkweise über die Stadtproblematik zu bewegen. Deshalb nannte er

Vladimir Vuković

oft Beispiele historischer Städte und archaischer Kulturen im Sinne der Wiederherstellung einer engeren geistigen Beziehung zwischen Stadt und Mensch.

Zwar wurden Bogdanovićs Bücher in der jugoslawischen Fachwelt gut aufgenommen, dennoch erreichten sie nie den Bekanntheitsgrad seiner Denkmäler, erstens, weil die Denkmalbauten von vornherein in der öffentlichen Wahrnehmung eine stärkere Präsenz hatten, und zweitens, weil Bogdanović durch die Vielschichtigkeit seiner Texte das einheimische Publikum jener Zeit überforderte. Nach 1993, im Wiener Exil, widmete sich Bogdanović noch intensiver dem Schreiben. Schon nach den ersten deutschsprachigen Veröffentlichungen wurde er sehr schnell als Schriftsteller auch außerhalb der Grenzen Ex-Jugoslawiens bekannt. Aufgrund des publizistischen Echos seiner Bücher fühlte er sich im Westen besser verstanden. Die Stadtessays von Bogdan Bogdanović werden mit Alexander Mitscherlichs *Die Unwirtlichkeit unserer Städte* (1965) verglichen. Bei seinen Auseinandersetzungen mit semiotischen Fragen der Architektur und des Städtebaus werden Parallelen mit Ernst Cassirers *Philosophie der symbolischen Formen* (1923 – 29) gezogen. Bogdanovićs Reisenotizen und Memoiren sind wertvolle und einfühlsame Schilderungen eines Zeitzeugen und stehen gleichwertig neben Elias Canettis Werk *Die gerettete Zunge* (1977). Trotz aller Vergleiche und gewisser Ähnlichkeiten bleibt das literarische Werk Bogdanovićs eine einmalige Erscheinung der Fachliteratur – eine Mischung aus Essayistik, Stadt- und Architekturtheorie.

Bogdanovićs Bauten, Schriften und sein gesellschaftspolitisches Engagement leisten damals wie heute einen unwiderruflichen Beitrag in der neueren Geschichte seiner einstigen Heimat. Die Bedeutung seines Lebenswerks geht über die Grenzen des ehemaligen Jugoslawien hinaus und Auswirkungen sind auch auf die nächsten Generationen von Architekten und Stadtplanern zu erwarten. Ein Charakteristikum des literarischen Werks von Bogdanović ist, dass es zwischen zwei Ländern und zwischen zwei Sprachen aufgeteilt ist. Einige seiner Bücher sind nach wie vor ausschließlich auf Serbisch und die anderen nur auf Deutsch verfügbar. Für einen vollständigen Überblick wäre daher die Übersetzung aller Bücher Bogdanovićs ins Deutsche besonders wünschenswert.

Orte der Kontemplation. Memorialarchitektur   Ivan Ristić

Übersichtskarte

1	**Belgrad**	Denkmal für die jüdischen Opfer des Faschismus
2	**Sremska Mitrovica**	Gedenkfriedhof für die Opfer des Faschismus
3	**Mostar**	Partisanennekropole
4	**Jasenovac**	Gedenkstätte für die KZ-Opfer
5	**Kruševac**	Slobodište – symbolische Nekropole mit Freilichtbühne
6	**Kosovska Mitrovica**	Kultstätte für die serbischen und albanischen Partisanen
7	**Prilep**	Kenotaphe für die gefallenen Widerstandskämpfer
8	**Leskovac**	Revolutionsdenkmal
9	**Knjaževac**	Denkmal für die Gefallenen der Befreiungskriege 1804–1945
10	**Štip**	Kriegerfriedhof
11	**Bihać**	Kenotaphe im Gedenkpark Garavice
12	**Čačak**	Gedenkstätte mit Kriegermausoleum
13	**Bela Crkva**	Kenotaphengruppe
14	**Travnik**	Kenotaphe für die Opfer des Faschismus
15	**Berane**	Freiheitsdenkmal
16	**Vlasotince**	Kultstätte für die gefallenen Freiheitskämpfer
17	**Labin**	Adonisaltar im Internationalen Skulpturenpark
18	**Vukovar**	Gedenkpark Dudik für die Opfer des Faschismus
19	**Popina bei Trstenik**	Kriegermausoleum
20	**Avala bei Belgrad**	Wohnsiedlung des Instituts für Hydrotechnik „Jaroslav Černi"
21	**Smederevo**	Umbau der Villa von Königin Natalija

1951–52*

Denkmal für die jüdischen Opfer des Faschismus

Belgrad, Serbien

Literatur
- o. V., *Spomenik jevrejskim žrtvama fašizma u Beogradu*, in: Arhitekt Nr. 1–7, Jg. 1/2, November/Dezember 1952, S. 32
- o. V., *Spisak realizacija, metrički i tehnički podaci*, in: *Memorijali Bogdana Bogdanovića* (Ausstellungskatalog, Hrsg. Radnički univerzitet), Mostar 1975, o. S.
- Aleksej Brkić, *Znakovi u kamenu. Srpska moderna arhitektura 1930–1980*, Savez arhitekata Srbije, Belgrad 1992, S. 132–137
- Bogdan Bogdanović, *Der verdammte Baumeister. Erinnerungen*, Paul Zsolnay Verlag, Wien 1997, S. 93–98
- Friedrich Achleitner, *Bogdan Bogdanović – Versuch einer Auseinandersetzung anlässlich seines 80. Geburtstages / An Attempted Investigation On The Occasion Of His 80th Birthday*, in: architektur.aktuell Nr. 273, Dezember 2002, S. 103 f
- Urša Komac, *The Public Space for Enjoying Solitude* (Diss. am Departament de projectes arquitectònics, ETSAB, Universitat Politècnica de Catalunya), Barcelona 2005, S. 87–91

* Die Jahreszahlen kennzeichnen jeweils die Zeit vom Planungsbeginn bis zur Fertigstellung

Zwei 10,5 Meter hohe, mit Granitplatten verkleidete Flügel aus Beton markieren das Ende der leicht abfallenden Hauptallee am jüdischen Friedhof. Aus der Not der scheinbar ungünstigen Lage an der tiefstgelegenen Stelle des Geländes machte Bogdanović eine Tugend, indem er den Abstand zwischen den beiden Flügeln nach oben hin größer werden ließ. Diese Öffnung des Tors trassiert gleichsam eine „Antiperspektive", die zur Spekulation über eine Spiegelung des Diesseitigen im Immateriellen anregt. Die äußeren Profile der Flügel sind der Verjüngung dorischer Säulen nachempfunden, die inneren hingegen jener von ionischen Säulen.

Die sichtbare Ikonographie an den Flügeln beschränkt sich auf schmiedeeiserne Elemente aus dem traditionellen Repertoire: An der Stirnseite sind ein Davidstern und die hebräische Abkürzung eines Zitats aus dem ersten Buch Samuel (25:29) zu sehen, an der Rückseite Kohens Hände und ein Levitenkrug. Hinter dem linken Flügel wird das Ensemble durch eine freistehende Menorah ergänzt.

In das Pflaster des Dromos und in die niedrigen Mauern, die ihn umgeben, wurden Reste des Fassadenschmucks der im Zweiten Weltkrieg zerbombten Bauten der Belgrader Altstadt Dorćol eingebaut. Kurioserweise ist dieser Rückgriff auf symbolträchtige Spolien vor allem auf einen finanziellen Engpass zurückzuführen. Grundsätzlich war es der Auftraggeber – die Jüdische Gemeinde von Belgrad –, der auf dem Material Stein bestand, was allerdings für den jungen Architekten richtungsweisend werden sollte.

Belgrad Denkmal für die jüdischen Opfer des Faschismus

Ideenskizze für Pylon, 1951
Tusche auf Transparentpapier, 10,8 x 14,1 cm

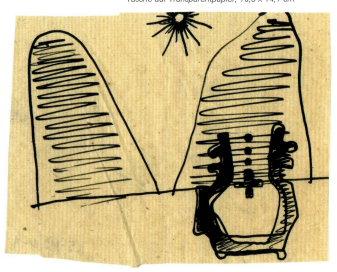

Wettbewerbsskizzen, 1951
Tusche auf Transparentpapier, kaschiert, 28 x 41 cm

Wettbewerbspräsentation, 1952
Tusche auf Transparentpapier, 32,7 x 32,7 cm

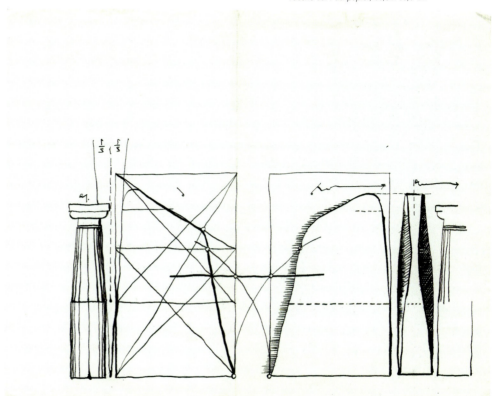

Proportionsschema, Anfang der 1980er Jahre
Tusche auf Packpapier, 30,5 x 39,5 cm

1959–60

Gedenkfriedhof für die Opfer des Faschismus

Sremska Mitrovica, Serbien

Literatur
• Danielle Valeix, *Monuments commémoratifs en Yougoslavie*, in: *L'architecture d'aujourd'hui* Nr. 108, Jg. 34, Juni/Juli 1963, S. 74f
• Bruno Zevi, *La necropoli di Sremska Mitrovica*, Themenschwerpunkt *In vista del Kennedy Memorial*, in: *Cronache di Architettura*, Bd. 9, Edizione Laterza, Rom/Bari 1979, S. 214–217

Dieses Memorial ist den zwischen 1941 und 1944 von deutschen Besatzern und kroatischer Ustascha ermordeten Zivilisten gewidmet. Entgegen allen Bemühungen des Schriftstellers und einflussreichen Parteifunktionärs Dobrica Ćosić, dem ein Mahnmal neben der Autobahn vorschwebte, setzte der Architekt die Idee durch, den Gedenkpark an der tatsächlichen Hinrichtungsstätte neben dem serbisch-orthodoxen Friedhof anzulegen.

Als Zugangsmerkmal fungiert eine zweigeteilte, sechs Meter hohe, kupferne Amphora auf einem kegelförmigen Tumulus – ein Motiv, welches aus den Wettbewerbsarbeiten für Niš-Bubanj (1958) hervorging und die programmatische Bedeutung jener Amphoren hatte, „in denen unsere Alten Wein, Öl sowie Gaben für Helden horteten". Von der Amphora führt ein ca. 600 Meter langer Weg zu einem sternförmig angelegten, leicht abgesenkten Hauptplatz, der von pyramidenförmigen Tumuli mit kupfernen Flammensymbolen an den Spitzen und mit einer maximalen Höhe von 6,2 Metern umgeben ist. Die Anzahl der Tumuli – ursprünglich sechs, seit 1981 acht – ist ein Hinweis auf die sechs Teilrepubliken und zwei autonomen Provinzen; diesem gesamtjugoslawischen Konzept sollte auch der Umgestaltungsplan von 1978 Rechnung tragen, durch den jede föderative Einheit einen Hain auf dem Parkgelände erhalten sollte. Vor allem um den Schritt vor dem Betreten des Hauptplatzes zu verlangsamen, wurde 1981 in seinem Zugangsbereich ein Heckenlabyrinth angelegt.

Sremska Mitrovica Gedenkfriedhof für die Opfer des Faschismus

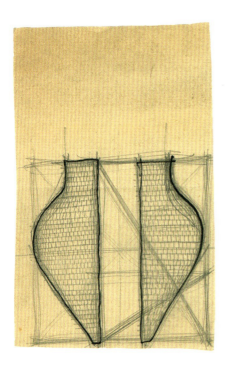

Ideenskizze für die gespaltene Amphora, 1959
Bleistift / Tusche auf Skizzenpapier, 25,6 x 16,2 cm

Studien für kupferne Flammen aus der
Projektpräsentation von 1959
Tusche auf Transparentpapier, 34,7 x 16,5 cm

Gesamtplan, 1961
Tusche / Wachskreide auf Skizzenpapier, 59,4 x 168 cm

1959–65

Partisanennekropole

Mostar, Bosnien-Herzegowina

Literatur
- Olga Milićević-Nikolić, *Svedoci revolucije: kamen u Mostaru i voda u Jasenovcu*, in: *Arhitektura urbanizam* Nr. 40, Jg. 7, 1966, S. 5–18
- Zoran Manević, *Spomen-groblje u Mostaru*, in: *Čovjek i prostor* Nr. 168 (3/1967), Jg. 14, März 1967, S. 1, 6f, 13
- Mihajlo Mitrović, *Un monumento nel paesaggio*, in: *Casabella* Nr. 318, Jg. 31, September 1967, S. 56–60
- o.V. *Spisak realizacija, metrički i tehnički podaci*, in: *Memorijali Bogdana Bogdanovića* (Ausstellungskatalog, Hrsg. Radnički univerzitet), Mostar 1975, o.S.

Diese mediterrane *Stadt der Toten*, auch als *Akro-Nekropolis* bezeichnet, ist 810 Gefallenen des kommunistischen Widerstandskampfes gegen die kroatische Ustascha und die deutschen Besatzer gewidmet. Das Begehen der Anlage, die sich auf einer Fläche von über 5.200 Quadratmetern erstreckt, ist durch Etappen streng geregelt: ein Löwentor, durch das man in den Vorhof gelangt, ein serpentinenförmig angelegter Weg, der zum terrassierten Friedhof (*Theatron*) führt, eine aufsteigende ummauerte Gasse, von der aus durch seitliche Toröffnungen einzelne Terrassen mit baumstumpfartigen Grabplatten betreten werden.

Es handelt sich um das wohl ehrgeizigste Unterfangen in Bogdanovićs Werk: Große Teile des abfallenden Geländes am Areal des Biskupova Glavica wurden gesprengt, nicht weniger als 12.000 profilierte beziehungsweise polygonal bearbeitete Kalksteinelemente in verschiedenen Zusammensetzungen für die kannelierten Oberflächen verwendet. Für die Verkleidung der Mauern steuerten die Angehörigen der Gefallenen Teile der alten, bereits patinierten Dachplatten aus Schiefer von ihren Häusern bei, wodurch unwillkürlich ein symbolischer Akt gesetzt wurde: Die Stadt übertrug materielle Reste ihrer Vergangenheit auf einen Neubau.

In Hinblick auf die Lage in Mostar, der Stadt an der Neretva, stellt das Fließen des Wassers ein wesentliches Element der Rauminszenierung dar. Dem kosmologischen Kreis an der Stirnmauer auf der obersten Terrasse ist ein orientalisch anmutender Brunnen vorgelagert, der scheinbar über Rinnen mit einer wasserorgelartigen Kaskade im Vorhof verbunden ist. In Wirklichkeit handelt es sich um getrennte Wasserleitungen, die bis zu ihrer schweren Beschädigung in den 1990er Jahren gleichzeitig in Betrieb genommen wurden, um den Eindruck von Simultanität hervorzurufen.

Mostar Partisanennekropole

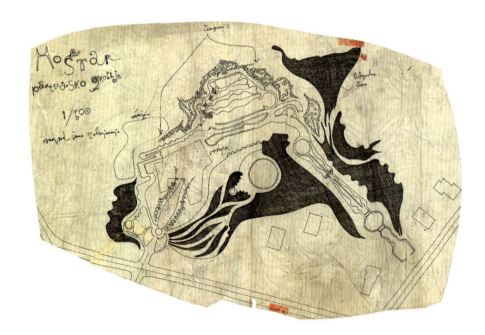

Begrünungsschema, um 1960
Tusche auf Transparentpapier, 54 x 81,5 cm

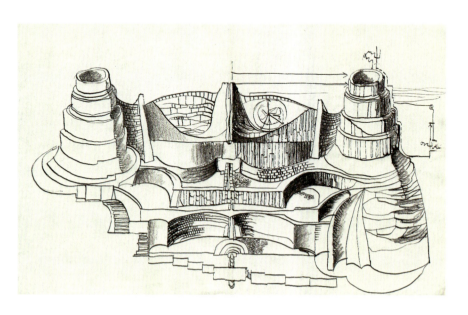

Metamorphose, um 1985
Tusche/Graphitstift auf Packpapier, 39,7 x 62 cm

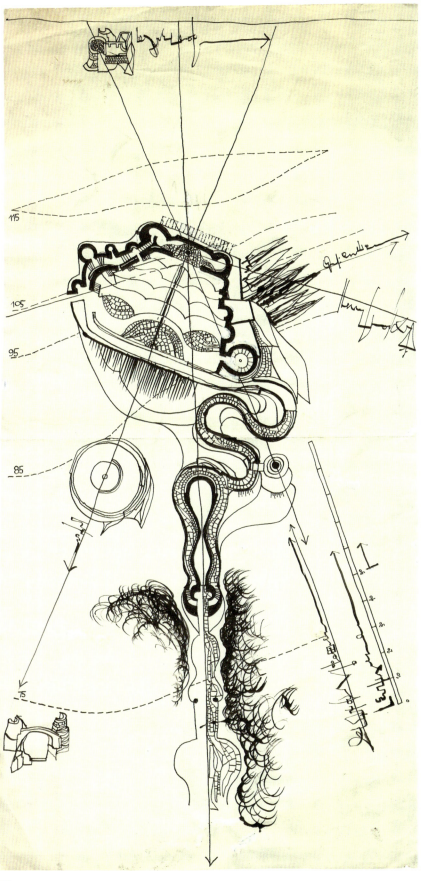

Ideografische Planimetrie, um 1985
Tusche auf Packpapier, 62,4 x 31,5 cm

Gedenkstätte für die KZ-Opfer

Jasenovac, Kroatien

Literatur
• Živojin Turinski, *Jasenovački cvetovi*, in: *Politika. Kultura, umetnost* Nr. 315, Jg. 7, 28.4.1963, o. S.
• Danielle Valeix, *Monuments commémoratifs en Yougoslavie*, in: *L'architecture d'aujourd'hui* Nr. 108, Jg. 34, Juni/Juli 1963, S. 76
• Olga Milićević-Nikolić, *Svedoci revolucije: kamen u Mostaru i voda u Jasenovcu*, in: *Arhitekura urbanizam* Nr. 40, Jg. 7, 1966, S. 5–18
• o. V. *Spisak realizacija, metrički i tehnički podaci*, in: *Memorijali Bogdana Bogdanovića* (Ausstellungskatalog, Hrsg. Radnički univerzitet), Mostar 1975, o. S.
• Bogdan Bogdanović, *Der verdammte Baumeister. Erinnerungen*, Paul Zsolnay Verlag, Wien 1997. S. 154–200
• Friedrich Achleitner, *Jasenovac: Den Toten eine Blume / Jasenovac: A Flower for the Dead*, in: *architektur.aktuell* Nr. 298/299, Jänner/Februar 2005, S. 96–105
• Nataša Jovičić, *The Alchemy of the Flower*, in: *Jasenovac Memorial Site* (Hrsg. Gedenkstätte Jasenovac), Jasenovac 2006, S. 226–245
• Domenico Luciani (Hrsg.), *Complesso memoriale di Jasenovac. Premio Internazionale Carlo Scarpa per il Giardino*, Bd. 18, Fondazione Benetton Studi Ricerche, Treviso 2007

Neben dem Dorf Jasenovac am Ufer der Save, wo sich bis zum Zweiten Weltkrieg eine Ziegelei befand, errichtete 1941 die kroatische Ustascha ein Vernichtungslager, in welchem bis 1945 zehntausende Serben, Juden, Roma und Antifaschisten anderer Nationalitäten eingesperrt und hingerichtet wurden.

Da es zum Zeitpunkt der Wettbewerbsausschreibung für diese Gedenkstätte außer einigen Barackenfundamenten keine baulichen Artefakte gab, die in das Raumkonzept eingebunden werden konnten, entschloss sich Bogdanović relativ rasch zu einer Neugestaltung der Landschaft. Seine ursprünglichen Pläne zeigen eine lagunenartige Anlage aus Wasserkanälen, Erdwällen und Hügeln mit metallenen Blumen an den Spitzen. In der endgültigen Lösung wurde jedoch dieses opulente Konzept zugunsten einer einzigen Blumenform aufgegeben, die der Architekt im Zuge seiner zeichnerischen Spiele aus einer umgedrehten Kuppel gewonnen hatte. Die Umformung der Landschaft begrenzte sich auf das Erweitern der bereits bestehenden Ziegelteiche und das Kennzeichnen der Lage einzelner Lagerobjekte durch Atolle und Krater, die sich aus kreisrunden Senken erheben. Der Pfad, der zum Denkmal führt, wurde mit alten Eisenbahnschwellen belegt, Überresten des lagereigenen Transportwegs.

Das Gewicht der 24 Meter hohen Blume aus Spannbeton ruht zur Gänze auf dem Pfeiler in der Mittelachse, der von unterirdischen Franki-Pfählen gestützt wird; die sternförmig auseinanderlaufenden Streben stellen bloß eine Windsicherung dar. In der Krypta unterhalb der Betonblume entstehen bei Regen rund um den kreisförmig gelegten Boden kleine Wasserlachen – ein weiterer Hinweis auf die aquatische Dimension des poetischen Konzepts.

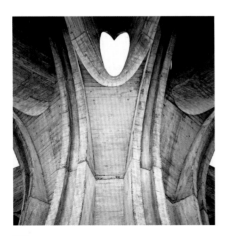
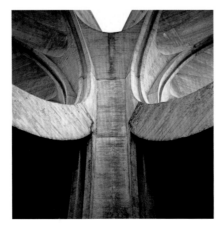
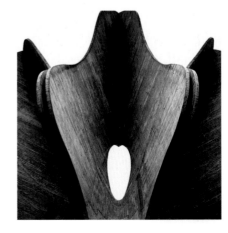

Jasenovac Gedenkstätte für die KZ-Opfer

Die Blume des Bösen, Skizze für die Umgestaltung des Terrains (um 1960)
*Tinte/Bleistift/Filzstift auf Konzeptpapier,
24,7 x 17,2 cm*

Blumenvariationen von 1961/62
*Tusche/Bleistift auf Schoellershammer-Karton,
24 x 51,7 cm*

Blume im Krater, Studie von ca. 1963
*Tusche / Wachskreide auf Transparentpapier, kaschiert,
29 x 39,2 cm*

Diagramm, um 1980
*Filzstift auf Schoellershammer-Karton,
70,7 x 100,3 cm*

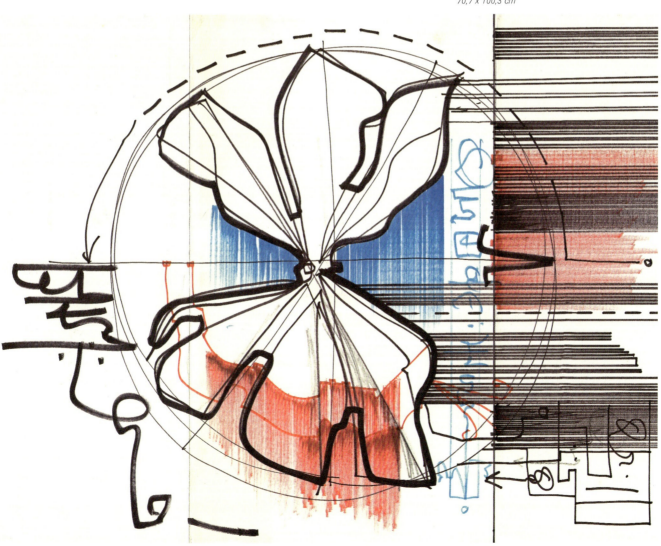

1960–65

Slobodište – symbolische Nekropole mit Freilichtbühne

Kruševac, Serbien

Literatur
- Olga Milićević-Nikolić, *O imaginaciji prostora mogile u Kruševcu*, in: *Arhitektura urbanizam* Nr. 30, Jg. 5, 1964, S. 16 – 9
- Mihajlo Mitrović, *Monumenti corali*, in: *Casabella* Nr. 297, Jg. 29, September 1965, S. 70 – 73
- Bogdan Bogdanović, *Točak života nikada neće prestati da se kreće*, in: *Bagdala* Nr. 88, Jg. 7, Juli 1966, S. 5f
- Lj. Đ, M. P., *Slobodište odražava filosofsku strukturu naše duše*, Interview in: *Bagdala* Nr. 147/148, Jg. 13, Juni/Juli 1971, S. 55 – 57
- *Prva arheološka godina Slobodišta*, in: *Bagdala* Nr. 183/184, Jg. 16, 1974, S. 8f
- o.V. *Spisak realizacija, metrički i tehnički podaci*, in: *Memorijali Bogdana Bogdanovića* (Ausstellungskatalog, Hrsg. Radnički univerzitet), Mostar 1975, o. S.
- Žarko Nikolić, *Slobodište je specifični tip masovnog narodnog teatra*, Interview in: *Bagdala* Nr. 195/196, Jg. 17, Juni/Juli 1975, S. 1f
- *Rogata ptica, Zapis o naknadno otkrivenoj „ideji ideje" Slobodišta*, Eigenverlag, Kruševac 1979
- Slobodan Selinkić, *Il teatro della memoria*, in: *Arredo urbano* Nr. 39, Jg. 10, Juli/September 1990, S. 108 – 113
- Friedrich Achleitner, *Bogdan Bogdanović – Versuch einer Auseinandersetzung anlässlich seines 80. Geburtstages / An Attempted Investigation On The Occasion Of His 80th Birthday*, in: *architektur.aktuell* Nr. 273, Dezember 2002, S. 105f
- Elena Re Dionigi, *Architettura Simbolo Ritualità nell'opera di Bogdan Bogdanović / Symbolism and Ritual in the Architectural Work of Bogdan Bogdanović*, in: *Documenti del festival dell'Architettura 4. 2007 – 2008*, Festival Architettura Edizioni, Parma 2008, S. 68 – 77

Östlich des Hügels Bagdala am Stadtrand wurden während des Zweiten Weltkriegs an die sechshundert Antifaschisten und Geiseln aus der Lokalbevölkerung durch die deutschen Besatzer und ihre serbischen Kollaborateure hingerichtet. Bogdanović ließ an diesem Ort eine *Kultstätte der Freiheit* aus künstlichen Erdwällen und Hügelchen entstehen, die sich auf einer Längsachse von 250 Metern erstreckt und von einer weitläufigen Parkanlage umgeben ist. Zeitgleich mit den Bauarbeiten im Gedenkpark von Sremska Mitrovica geplant, stellt sie gleichsam dessen Antipoden dar; zwei kraterähnliche Täler sind gewissermaßen als Negativformen der Tumuli in Sremska Mitrovica gedacht.

Üblicherweise nähert man sich der symbolischen Nekropole von Norden an. Zuerst betritt man einen kreisförmigen Vorplatz, der von Grabhügeln für Hingerichtete und gefallene Widerstandskämpfer flankiert ist. Setzt man den Weg fort, gelangt man durch das *Sonnentor* (ein nach oben offener Erdbogen mit Sandsteinverkleidung) in eine Mulde, von der aus rechts das *Tal des Andenkens* zugänglich ist. Auf dem Boden dieses 16 Meter tiefen Kraters ruhen sechs Flügelpaare aus Sandstein, deren Form von kretischen Hörnern abgeleitet wurde; weitere sechs Flügelpaare, die zwecks Steigerung der Tiefenillusion kleiner angefertigt wurden, steigen den Abhang hinauf. Ebenso wie der Grabhügel rechts vom Vorplatz ist eine Hügelkuppe am Rand dieses Tals von einem bronzenen Opfergefäß bekrönt. Das *Tal der Lebenden* im Osten, also links, war ursprünglich mit einer provisorischen Bühne auf ebenerdigem Terrain ausgestattet. Zwei Jahre nach der Fertigstellung der Gedenkstätte wurde hier durch Aufschüttung ein grünes Amphitheater angelegt; eine Bühne aus Beton, ebenfalls damals erbaut, wurde zwecks Vereinheitlichung erst Ende der 1970er Jahre begrünt.

Die Bezeichnung *Slobodište* geht auf den Schriftsteller Dobrica Ćosić zurück, ebenso wie die poetischen Zugaben vor Ort (etwa „Brot und Freiheit sind für uns das Gleiche" als metallene Zierbuchstaben an einem alten Mühlstein oder „Wenn du unter diesem Himmel stehst, Mensch, dann richte dich auf" in Sgraffitobuchstaben an einem in den Boden eingelassenen Steinrad in der Mulde).

Kruševac Slobodište – symbolische Nekropole mit Freilichtbühne

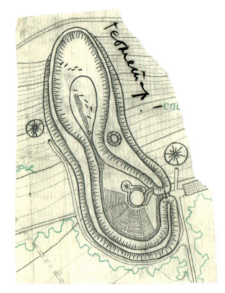

Draufsicht mit der provisorischen Bühne
im *Tal der Lebenden,* um 1965
Graphitstift/Kohle auf Transparentpapier, 25,6 x 19,4 cm

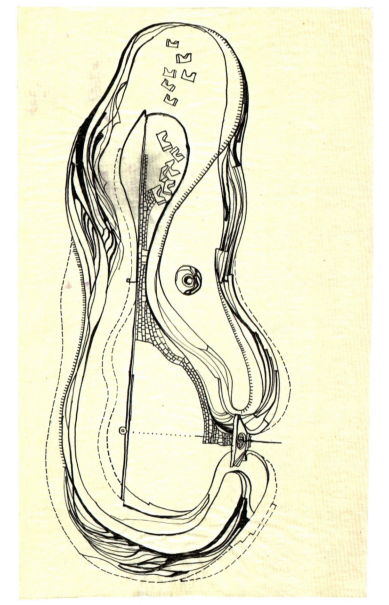

Capriccio mit Draufsicht
Ende der 1970er Jahre,
Tusche auf Transparentpapier, 29,9 x 49 cm

Proportionsstudie, Ende der 1970er Jahre
Tusche auf Transparentpapier, 24,9 x 37,7 cm

Proportionsstudie, um 1963
Wachskreide auf Skizzenpapier, 22,2 x 44,7 cm

Kultstätte für die serbischen und albanischen Partisanen

Kosovska Mitrovica, Kosovo (mit Dimitrije Mladenović)

Literatur
- Dušan Đokić, *O prostorima posvete revoluciji*, in: *Umetnost* Nr. 37, Jg. 10, Januar / Februar / März 1974, S. 13 – 30
- o.V. *Spisak realizacija, metrički i tehnički podaci*, in: *Memorijali Bogdana Bogdanovića* (Ausstellungskatalog, Hrsg. Radnički univerzitet), Mostar 1975, o.S.

Der Architekt wurde mit der Aufgabe konfrontiert, vor die Kulisse des mächtigen Gebirgsmassivs ein nicht minder beeindruckendes Zeichen zu setzen. Anhand einer großen Anzahl von Skizzen lassen sich stark voneinander abweichende Planungsschritte nachvollziehen, welche die Herausforderung belegen: Ein überdimensioniertes Kultgefäß in einer Mulde an der Bergspitze (mit und ohne Spazierweg), ein unterirdisches Sanktuarium, ein anikonischer Atlant mit barockisierenden Umrissen sowie eine stark abstrahierte „Bärenumarmung" zweier Megalithen.

Im Zuge des Reduktionsprozesses kristallisierte sich als endgültiges Projekt ein 19 Meter hoher Torbau aus Beton heraus. Er besteht aus zwei kannelierten, sich stark verjüngenden Säulenschäften, die eine kupferverkleidete Halbtonne mit Akroterien tragen. In gängigen Deutungen fungierten die „protodorischen" Stützen als Sinnbild der Bruderschaft beider Kosovo-Völker im Kampf gegen die fremden Besatzer im Zweiten Weltkrieg; die tonnenförmige Supraporte wird in einer Selbstexegese als „kosmologische Struktur zwischen der oberen und der unteren Hemisphäre" gehandelt. Die begleitende architektonische Ausstattung beschränkt sich auf liegende Gedenktafeln und einen symbolischen Sarkophag (beides in Bronzeguss).

Kosovska Mitrovica Kultstätte für die serbischen und albanischen Partisanen

Studie für einen abstrahierten Atlanten
um 1963
Tinte / Filzstift auf Briefpapier, 29,5 x 21 cm

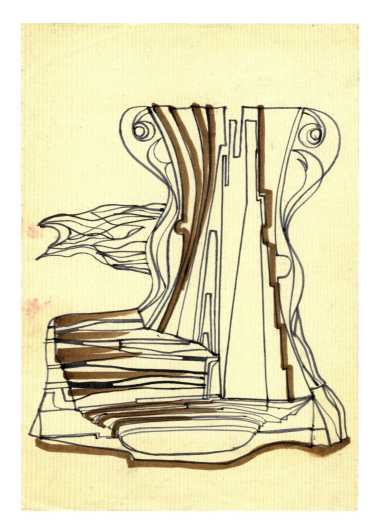

Ideenskizze für ein Megalithenpaar
um 1965
Tusche / Kohle auf Transparentpapier, 20,4 x 31,5 cm

Studie für anthropomorphe Säulen
Ende der 1960er Jahre
Tusche / Kohle auf Transparentpapier, 24,5 x 22,2 cm

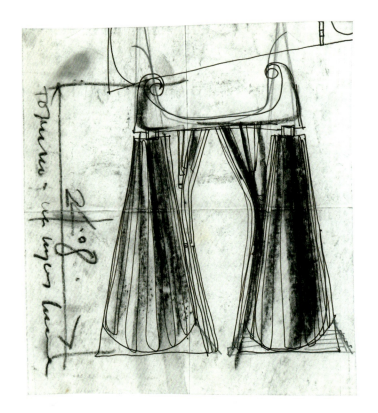

Monumentale Form im Kontext ihrer
Umgebung (um 1970)
Tusche / Wachskreide auf Skizzenpapier, 39 x 58,6 cm

Kenotaphe für die gefallenen Widerstandskämpfer

Prilep, Mazedonien

Bogdanović stellte seinen marmornen Tanzreigen vor eine mächtige Gebirgskulisse, die sich über dem pelagonischen Tal erhebt. Den sieben „weiblichen", 2,9 Meter hohen Amphoren, die janusköpfige Kapitelle mit umgedrehten ionischen Voluten tragen, wurde ein wesentlich höherer, „männlicher" Reigenführer zugeteilt – eine Inszenierung, die laut dem Architekten Parallelen zu lokalen Tanztraditionen aufweist. Die gedrehte Kannelierung dieser Dominante unterstreicht das Motiv der Bewegung und belegt gleichzeitig Bogdanovićs Vorliebe für archaisierende Formen in neuen Kontexten.

Gegenüber der Kenotaphengruppe öffnet sich eine exedraförmige Partisanengrabstätte; von außen als wehrhafter Erdwall gestaltet, birgt sie im Inneren eine marmorverkleidete Wand mit den eingravierten Namen der Gefallenen. Gemeinsam mit dem Zugangsweg erstrecken sich die beiden Hauptteile des Memorials entlang einer 115 Meter langen Hauptachse.

In der Lokalsprache auch als *Grabmal der Unbesiegten* bezeichnet, wurde das Objekt weitgehend ohne Berücksichtigung des Ausführungsplans realisiert; die Lage der Kenotaphe wurde spontan bestimmt, Ornamentvorlagen wurden in Absprache mit den Steinmetzen vor Ort entworfen.

Literatur
- o.V. *Prilepska mogila*, in: *Danas* Nr. 13, Jg. 1, 8.11.1961, S. 24
- Danielle Valeix, *Monuments commémoratifs en Yougoslavie*, in: *L'architecture d'aujourd'hui* Nr. 108, Jg. 34, Juni/Juli 1963, S. 70f
- Mihajlo Mitrović, *Monumenti corali*, in: *Casabella* Nr. 297, Jg. 29, September 1965, S. 70–73
- o.V. *Spisak realizacija, metrički i tehnički podaci*, in: *Memorijali Bogdana Bogdanovića* (Ausstellungskatalog, Hrsg. Radnički univerzitet), Mostar 1975, o.S.
- Aleksej Brkić, *Znakovi u kamenu. Srpska moderna arhitektura 1930–1980*, Savez arhitekata Srbije, Belgrad 1992, S. 138–143
- Urša Komac, *The Public Space for Enjoying Solitude* (Diss. am Departament de projectes arquitectònics, ETSAB, Universitat Politècnica de Catalunya), Barcelona 2005, S. 101–105

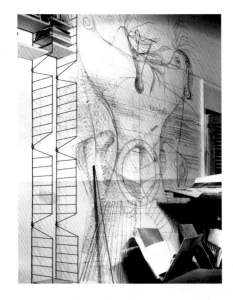

Entwurf an der Wand im Arbeitszimmer, 1961

Prilep Kenotaphe für die gefallenen Widerstandskämpfer

Draufsicht, um 1980
Tusche auf Transparentpapier, 49,2 x 34,8 cm

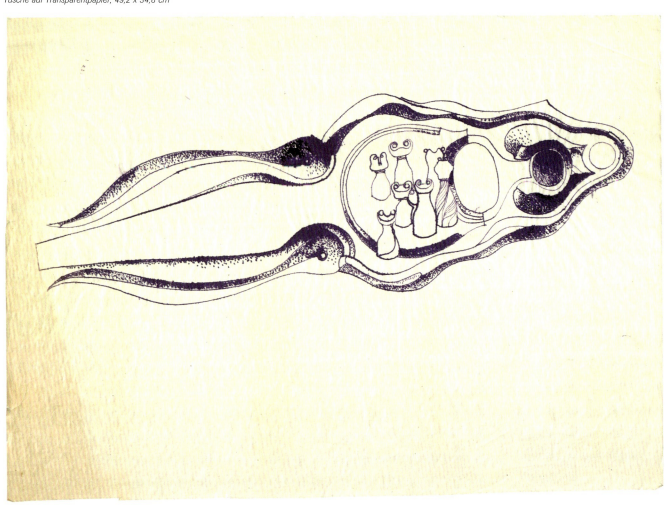

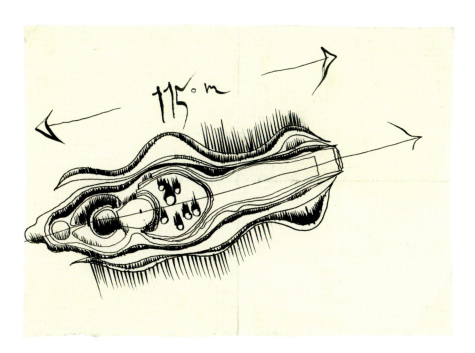

Draufsicht, 1961
Tusche auf Skizzenpapier, 28 x 20 cm

Aus der Projektpräsentation, 1961
Tusche auf Transparentpapier, 40 x 33 cm

1964–71

Revolutionsdenkmal

Leskovac, Serbien

Literatur
• Bogdan Bogdanović, *Spomenik životu*, in: *Naša reč* (Leskovac) Nr. 25, Jg. 26, 2.7.1971, o. S.
• Zoran Manević, *Spomen-kompleks Leskovac*, in: *IT novine* Nr. 520, Jg. 11, 23.2.1973, o. S.
• Dušan Đokić, *O prostorima posvete revoluciji*, in: *Umetnost* Nr. 37, Jg. 10, Januar / Februar / März 1974, S. 13–30
• o. V. *Spisak realizacija, metrički i tehnički podaci*, in: *Memorijali Bogdana Bogdanovića* (Ausstellungskatalog, Hrsg. Radnički univerzitet), Mostar 1975, o. S.

Diese symbolische Nekropole ist malerisch am Fuß eines bewaldeten Hügels mit einer Kirche gelegen. Ihren Mittelpunkt bildet eine 12 Meter hohe, mit Schiefer verkleidete Amphora, die sich über einem flach in den Boden eingelassenen Amphitheater erhebt. Das anmutige Erscheinungsbild dieser *Waldgöttin* (Bogdanović) wird durch eine kupferne Volutenkrone mit herabhängendem Schmuckwerk ergänzt.

Auch diese Gedenkstätte vermittelt Anklänge an ein abgebrochenes Tanzritual: Die Amphora wird von 42 prismatischen, zwischen 1,2 und 2,2 Meter hohen, lose angeordneten Megalithen aus Sandstein beziehungsweise Tuff begleitet, die mit dem Blickpunktwechsel jeweils neue choreographische Formen ergeben. Den floralen Ornamenten im groben Relief, mit denen sie versehen sind, fügten die Steinmetze auf eigene Initiative Sgraffiti hinzu, die verschiedenes Waldgetier zeigen – darunter auch Vögel, für Bogdanović bedeutende orphische Zeichen.

Die dazugehörige Parkanlage erstreckt sich entlang einer 450 Meter langen Achse, umfasst jedoch nur eine relativ schmale Fläche und schließt ein folkloristisches Eingangstor aus Holz mit ein.

Leskovac Revolutionsdenkmal

Merkblatt mit Skizzen, Ende der 1960er Jahre
Graphitstift / Kugelschreiber auf Konzeptpapier, 21 x 29,5 cm

Zusammensetzung der Kenotaphe und „Choreografie" der Ornamente, Ende der 1960er Jahre
Filzstift auf Konzeptpapier, 20,8 x 29,3 cm

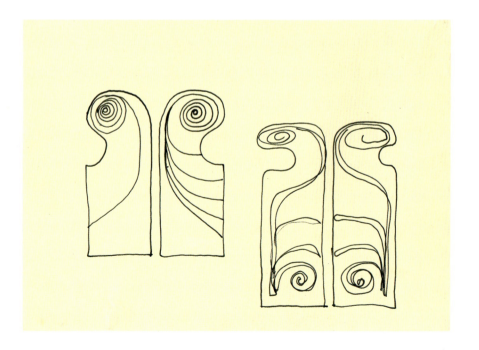

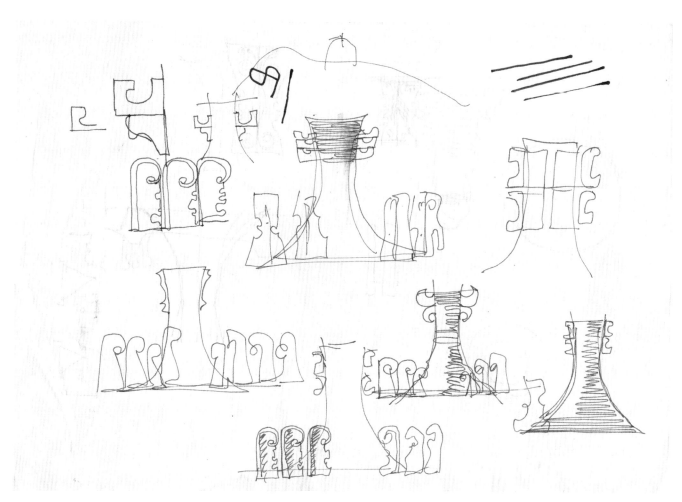

Bekrönung der Amphora und Anordnung der Kenotaphe, Ende der 1960er Jahre
Filzstift auf Konzeptpapier, 21 x 29,5 cm

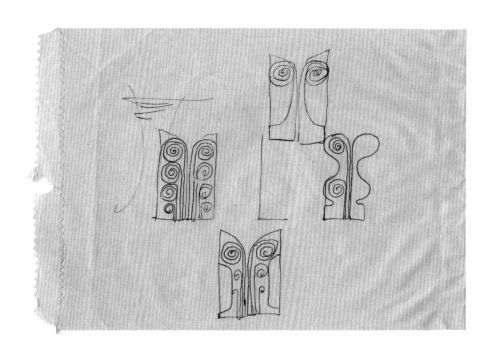

Zusammensetzung der Kenotaphe und „Choreografie" der Ornamente, 1971
Tinte auf Papiersäckchen, 13,5 x 19,8 cm

1969–71

Denkmal für die Gefallenen der Befreiungskriege 1804–1945

Knjaževac, Serbien

Literatur
• Mihajlo Mitrović, *Nekropolis u Knjaževcu*, in: *Politika* Nr. 21842, Jg. 71, 27.7.1974, S.18
• o.V. *Spisak realizacija, metrički i tehnički podaci*, in: *Memorijali Bogdana Bogdanovića* (Ausstellungskatalog, Hrsg. Radnički univerzitet), Mostar 1975, o.S.

Schon am Anfang der Planungen stand der Entschluss fest, im kleinen Stadtpark am Ufer des Timok-Flusses eine urbanomorphe Anlage entstehen zu lassen. Angesichts der Tatsache, dass Bogdanović üblicherweise ein Zusammenspiel seiner Architekturen mit der Landschaft anstrebte, stellt diese „Stadt in der Stadt" ein Unikum in seinem Œuvre dar.

Vom Architekten als *Polis der Bienen* respektive *steinernes Archiv* bezeichnet, setzt sie sich aus lose gruppierten Stelen unterschiedlicher Dimensionen zusammen. Bei der vielfältigen Gestaltung dieser architektonischen Abbreviaturen standen traditionelle Formen wie Getreidespeicher, Brunnengehäuse und Bienenstöcke Pate, wohl aber auch *krajputaši,* primitive Grabsteine an den Weg- und Straßenrändern, mit denen die ländliche Bevölkerung in Serbien bis ins 20. Jahrhundert der gefallenen Krieger gedachte. Da sich der verwendete Kalkstein für die Bearbeitung mit Hammer und Meißel gut eignet, versahen die Steinmetze die Stelen mit einer Reihe von „Steinschnitzereien", deren Motive den volkstümlichen Spinnrocken entnommen wurden.

Die Anlage wurde durch „lebensgroße" räumliche Elemente ergänzt: **Am Anfang** des 80 Meter langen Spazierwegs, der durch den Park zur Flusspromenade führt, steht ein byzantinisierender Torbau; an der linken Flanke des Parks lädt ein quadratisches Theaterplateau mit folkloristischer Arkade aus Bugholz zum Verweilen ein.

Knjaževac Denkmal für die Gefallenen der Befreiungskriege 1804–1945

Formenrepertoire und Lage in ersten Skizzen, 1969
Tusche/Bleistift auf Lichtpause, 43,2 x 49,6 cm

Abbreviatur, um 1971
Tusche auf Skizzenpapier, 24,8 x 21,3 cm

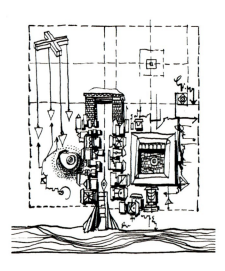

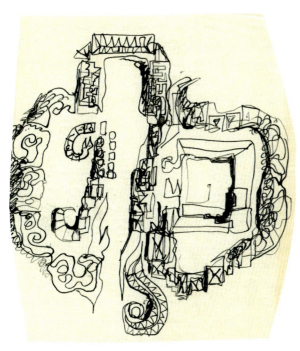

Zoomorphe Stadt, um 1971
Tusche auf Transparentpapier, 25 x 22,5 cm

Capriccio, 1971
Tusche auf Karton, 47 x 69 cm

1969–74

Kriegerfriedhof

Štip, Mazedonien

Literatur
• Bogdan Bogdanović, *Kako sam stvarao „Štipski memorijal"*, in: *NIN* Nr. 1252, Jg. 25, 5.1.1975, S. 30f
• o.V. *Spisak realizacija, metrički i tehnički podaci*, in: *Memorijali Bogdana Bogdanovića* (Ausstellungskatalog, Hrsg. Radnički univerzitet), Mostar 1975, o.S.

Diese Nekropole wurde einem steilen Bergabhang unterhalb der Burgruine Hisar abgerungen. Teils durch die Beschaffenheit des Terrains bedingt, teils um ein prozessionsartiges Betreten der Anlage hervorzurufen, disponierte sie der Architekt auf zwei Plateaus mit einem Höhenunterschied von neun Metern.

Auf dem unteren Plateau erwarten den Besucher zwei stark abstrahierte, heraldisch angeordnete Erinnyen aus weißem Marmor sowie ein Brunnen aus rohem Granit. Begibt man sich auf das obere Plateau, begegnet man an den Kenotaphen links und rechts der steilen Treppe den Namen von im Zweiten Weltkrieg gefallenen Widerstandskämpfern.

Der Zutritt zum oberen Plateau, auf welchem des Lebens gedacht wird, wird durch ein Postament mit Kompositkapitell markiert. In diesem Bereich befinden sich zwölf tabernakelartige, 2,2 Meter hohe Stelen auf Sockeln, deren Bekrönungen sich aus jeweils zwei emblematischen Formen zusammensetzen: einem Flügelpaar, das an kretische Hörner erinnert und in einer stilisierteren Form bereits in Kruševac zum Leitmotiv geworden war, sowie einem Sonnensymbol in Form einer kreisrunden Aussparung; generell wurde hier das mittelbalkanische „Negativverfahren" der Steinbearbeitung zum Gestaltungsprinzip erhoben. Mit der filigranen Textur der ornamentierten Flächen knüpften der Architekt und seine Steinmetze an die lokalen Traditionen der Schmuckerzeugung an.

Štip Kriegerfriedhof

Studie für ein stilisiertes Kultgefäß, 1969
Buntstift laviert auf Notizblatt, 10 x 10 cm

Formenrepertoire für niedrige Kenotaphe mit Solarsymbolen, 1960
Filzstift auf Packpapier, 22 x 23,4 cm

Ausführungsskizzen für Stelen, 1974
Fotokopie, Bleistift auf Büropapier, Fotokopie mit Tintenstift, 20,6 x 40 cm

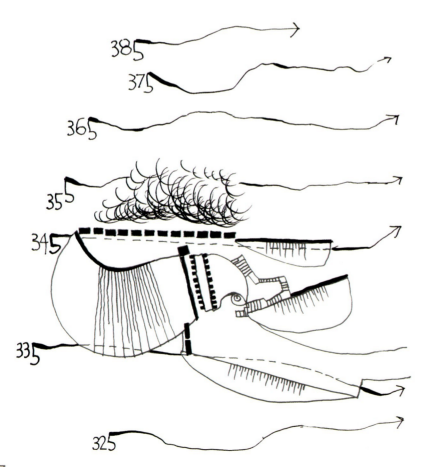

Grundrissschema, Anfang der 1980er Jahre
Tusche auf Transparentpapier, 23 x 21 cm

1969–81

Kenotaphe im Gedenkpark Garavice

Bihać, Bosnien-Herzegowina

Literatur
• Bogdan Bogdanović, *Život je jači od smrti, pravda od zločina, ljubav od mržnje*, in: *Bihać.Bilten* Nr.1, Jg.1, Februar 1975, S. 8 – 11

Ursprünglich schwebte Bogdanović für den Hügel, der zwischen Juni und August 1941 der kroatischen Ustascha als Hinrichtungsstätte gedient hatte, eine eigenwillige Paraphrase des Hadrianmausoleums vor. Diese ehrgeizige Idee wurde bald zugunsten einer Kenotaphengruppe aufgegeben, deren Formensprache und Zusammenstellung in mehreren Planungsetappen erarbeitet wurden. Vorerst ließ sich der Architekt durch die antike Präsenz des Illyrerstammes der Japoden auf dem Gebiet um das heutige Bihać anregen; Skizzen für eine „Japodenstadt" von 1973, mit denen der Architekt offenbar die *Archäovision* der Lokalbevölkerung ansprechen wollte, weisen eine breite Palette an anthropomorphen Stelenformen auf, die von einer Stadtmauerabbreviatur umgeben sind.

Der endgültige Plan sah schließlich eine Gruppe von elf schlicht ornamentierten Megalithen vor, die implizit die visuelle Botschaft der „sitzenden Klageweiber" vermitteln. Im Zuge der Realisierung dieses Plans erwiesen sich die bestellten Sandsteinblöcke jedoch als schadhaft, was Bogdanović dazu anregte, zeitgleich mit der Anschaffung des hochwertigen Bihazit für den Neubeginn die Idee der nunmehr aufrechten, gut vier Meter hohen Kenotaphe zu entwickeln – seinen eigenen Aussagen nach unter dem Risiko einer Metamorphose ihrer anmutigen Form in diejenige der Erinnyen. Frauen ohne Gesichter, an sich ein surrealistischer Topos, tragen hier als lesbare Zeichen der Trauer stilisierte Tränen.

Bihać Kenotaphe im Gedenkpark Garavice

Japodenstadt, 1973
Tusche auf Transparentpapier, 57,3 x 63,5 cm

Studie für ein sitzendes Klageweib, 1974
Filzstift auf Skizzenpapier, 17 x 24 cm

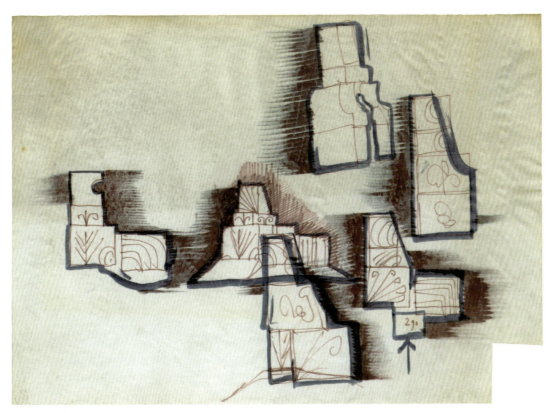

Imaginäre Zusammenstellung der Kenotaphe, um 1975
Filzstift auf Transparentpapier, 29,5 x 41,4 cm

Manieristische Konstruktionsstudien
um 1980
Fotokopie stellenweise mit Bleistift und Tusche, zwei aneinander geklebte Blätter, 29,7 x 36,2 cm

1970–80

Gedenkstätte mit Kriegermausoleum

Čačak, Serbien

Literatur
- *Mauzolej borbe i pobede*, Sonderheft *Gradac* Nr. 41, Jg. 8, Juli/August 1981
- Bogdan Bogdanović, *Povratak grifona. Crtačka heuristička igra po modelu Luisa Kerola/The Return to the Griffon. A drawing heuristic game modelled on Lewis Carrol*, Belgrad 1982
- Aleksej Brkić, *Znakovi u kamenu. Srpska moderna arhitektura 1930–1980*, Savez arhitekata Srbije, Belgrad 1992, S.144
- Friedrich Achleitner, *Bogdan Bogdanović – Versuch einer Auseinandersetzung anlässlich seines 80. Geburtstages/An Attempted Investigation On The Occasion Of His 80th Birthday*, in: architektur.aktuell Nr. 273, Dezember 2002, S.106–109

Die weitläufige Gedenkstätte wurde an einem amphitheaterförmigen Abhang des Hügels Jelica oberhalb der Stadt angelegt. Betritt man sie über den steilsten Zugangsweg, der in der Achse einer der Hauptstraßen von Čačak liegt, entdeckt man links als ersten Höhepunkt der Rauminszenierung einen vier Meter hohen, pyramidenförmigen Tumulus für 4650 gefallene Partisanen aus Čačak und Umgebung; auf einem quadratischen Plateau steht ein dolmenartiges Tempietto aus herzegowinischem Gabbro mit zwei mannshohen Durchgängen.

Setzt man den Aufstieg fort, gelangt man zu einer Querachse, auf der das dreiteilige, zwölf Meter hohe Kriegermausoleum steht. Aufgrund seiner mehrdeutigen Form lässt sich dieses als Durchgangstempel definieren, aber auch als die Kumulation dreier Torbauten; letzteres erweckt den Eindruck zweier Himmelskränze im finsteren Tempelinneren, wo sich ebenso wie an den Außenseiten steinerne Monstren krabbenartig an die Pilaster schmiegen. Dass diese Fratzen sechshundertzwanzig an der Zahl sind, geht auf die Initiative der Steinmetze zurück; ursprünglich waren sie als Akroterien an den oberen Ecken des Baus gedacht.

Durch ihre Positionierung setzt die Achse des Mausoleums ein bedächtiges Ritual des Hinab- und Hinaufsteigens voraus: Zuerst eine zyklopische Treppe aus massiven Steinblöcken hinunter, dann durch das von steinernen Monstren „überwucherte" Mausoleum hindurch, schließlich wiederum eine Treppe hinauf, wo die am Boden liegenden Monstrenköpfe betreten werden können. Somit ermöglicht die Anlage das Ablesen eines plakativen, jedoch unverbindlichen Szenarios: Nach dem Auftakt des Kriegsdramas kommt das unheilvolle Crescendo in einem von Feinden „besetzten Haus", worauf die Erlösung durch den Sieg folgt.

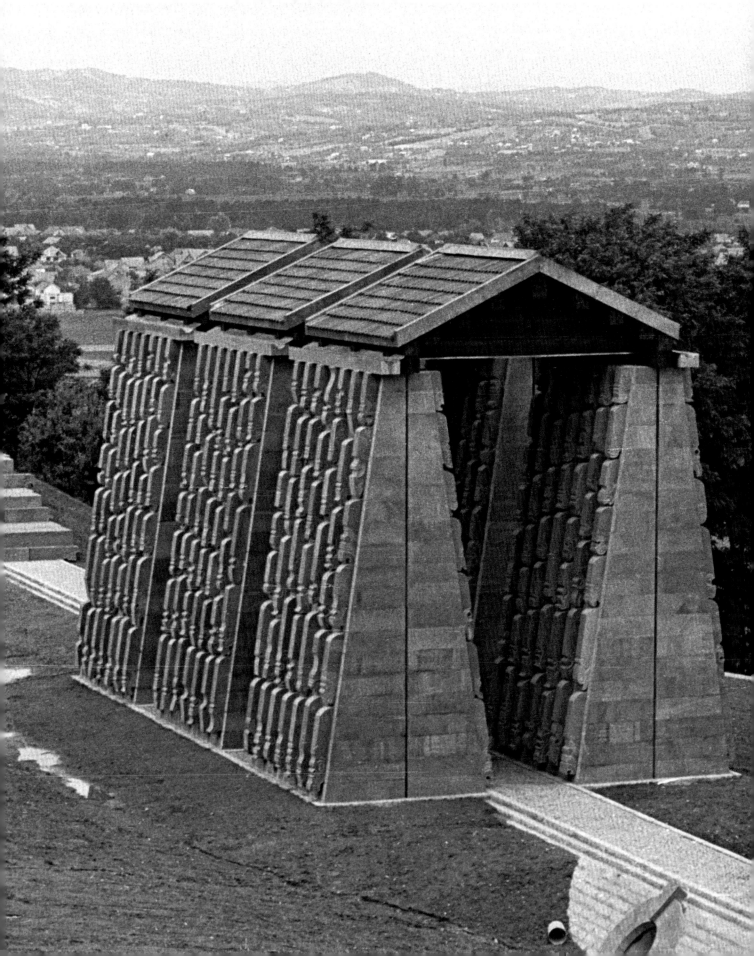

Čačak Gedenkstätte mit Kriegermausoleum

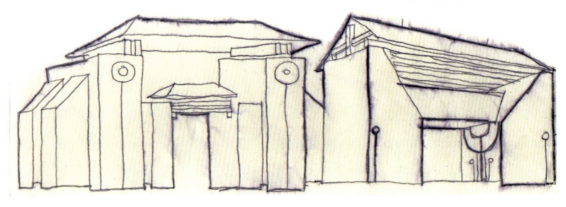

Aus dem zeichnerischen Resümee: *Zwei „triumphale Formen"*, Anfang der 1980er Jahre
Tintenstift auf Aquarellpapier, 10,2 x 30,5 cm

Aus dem zeichnerischen Resümee: Dolmen, Anfang der 1980er Jahre
Fotokopie mit Graphitstift überarbeitet, 10,1 x 25 cm

Reductio ad absurdum, um 1982
Tintenstift auf Aquarellpapier, 28,3 x 40,7 cm

Unzugängliches Mausoleum um 1982
Tintenstift auf Aquarellpapier, 23 x 41,5 cm

1971

Kenotaphengruppe

Bela Crkva, Serbien

Literatur
• o. V. *Spisak realizacija, metrički i tehnički podaci*, in: *Memorijali Bogdana Bogdanovića* (Ausstellungskatalog, Hrsg. Radnički univerzitet), Mostar 1975, o. S.

Die Schüsse, die am 7. Juli 1941 im westserbischen Dorf Bela Crkva die Angehörigen des kommunistischen Widerstands auf Gendarmen abgefeuert hatten, gelten als Beginn der bewaffneten Auflehnung gegen die deutsche Besatzung und ihre heimischen Kollaborateure im Zweiten Weltkrieg. Anlässlich des dreißigjährigen Jubiläums dieses Ereignisses legte Bogdanović am abfallenden Wiesenstück zwischen zwei schlichten ländlichen Bauten – der Postfiliale und dem Wirtshaus – ein theatralisch anmutendes Ensemble aus neun anthropomorphen Kenotaphen an. Anders als bei der Mehrzahl seiner Denkmäler war der Architekt hier um betont „männliche" Formen bemüht.

Fixe Ausführungspläne gab es nicht; anfangs als Atlanten mit floralen Verzierungen gedacht, wurden die Kenotaphe infolge des Gedankenaustauschs mit den Steinmetzen auf verhältnismäßig einfache semiotische Einheiten reduziert. Aus je fünf aufeinandergelegten, nur grob bearbeiteten Granitblöcken aufgebaut, tragen sie feingeschliffene Schlusssteine, deren Formen diejenige der traditionellen serbischen Mütze *šajkača* paraphrasieren; seitlich sind sie mit flach eingeritzten Piktogrammen von Häusern, Weihegefäßen und Bäumen versehen. Vor der Kenotaphengruppe befindet sich ein kleiner Brunnen, ebenfalls aus Granit, in dessen geschliffene Vorderseite die lapidare Inschrift „Hier sagte Serbien: Freiheit!", Worte des Dichters Ivan V. Lalić, eingemeißelt wurde.

Bela Crkva Kenotaphengruppe

Capriccio, 1971
Filzstift auf Karton, 51 x 37,3 cm

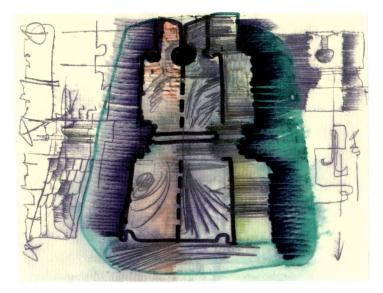

Repräsentative Studie, 1971
Filzstift / Tintenstift auf Skizzenpapier, 16,8 x 22,5 cm

Repräsentative Studie, 1971
Filzstift auf Skizzenpapier, 24,2 x 17 cm

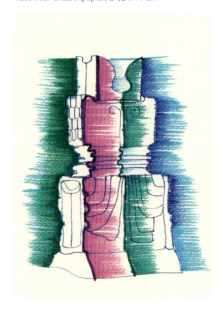

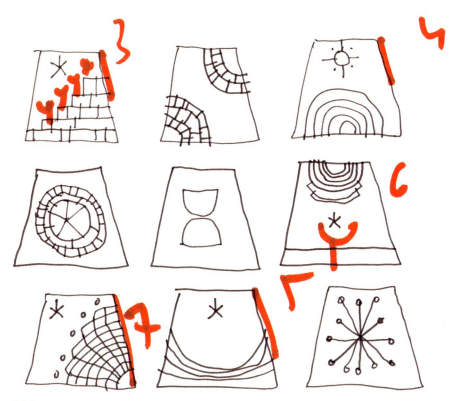

Studien zur Anordnung von Piktogrammen an den Schlusssteinen, 1971
Filzstift auf Konzeptpapier, 21 x 29,6 cm

Kenotaphe für die Opfer des Faschismus

Travnik, Bosnien-Herzegowina

Literatur
• Katarina Ambrozić, *Bogdan Bogdanović. Umetnik i delo*, in: *Bagdala* Nr. 242–243, Jg. 21, Mai/Juni 1979, S. 6
• Urša Komac, *The Public Space for Enjoying Solitude* (Diss. am Departament de projectes arquitectònics, ETSAB, Universitat Politècnica de Catalunya), Barcelona 2005, S.107–111

Auf dem Hügel Smrike, außerhalb der Stadt, wo im Laufe des Jahres 1941 mehrere Massenexekution der serbischstämmigen Zivilisten durch Ustascha-Schergen stattgefunden hatten, ließ Bogdanović zwölf Schlangenpaare aus porösem Bihazit aufstellen. Sie ruhen auf verhältnismäßig niedrigen Podesten, deren polsterartige Formen die Wirkung äußerster Spannung unter den Gewichten erzeugen. Die Gesamthöhe der Kenotaphe variiert zwischen 2,5 und 4,5 Metern.

Obwohl langwierig, verlief der Planungsprozess ohne größere Schwankungen. Vorerst war es der zivilisationenübergreifende Topos des bösen Auges, der den Architekten zu einem entdeckerischen Prozess anregte. Über die zeichnerische Auseinandersetzung mit schlangenförmigen, auch als Augen lesbaren Voluten sowie einem um 180° gedrehten Omega gelangte er allmählich zum Motiv der zweiköpfigen Schlange (*Amphisbaenae*); tagsüber in eine Richtung gehend, nachts in eine andere, also als Sinnbilder eines Weltkontinuums einsetzbar, wurden diese mythischen Wesen schließlich als Spiegelbilder definiert. An den Ansätzen ihrer wulstförmigen Spiralen wurden Omegazeichen eingraviert; diese fungieren als herkömmliche Symbole des End- und Zielpunkts und zugleich als Piktogramme, welche die realisierte Form im Kleinen wiederholen.

Ebenso wie die Gedenkstätten in Mostar und in Vukovar wurden die Travniker Kenotaphe während des Jugoslawienkriegs in den 1990er Jahren schwer beschädigt.

Travnik Kenotaphe für die Opfer des Faschismus

Pylon aus abstrahierten Löwenköpfen
um 1971
Filzstift auf Packpapier, 26,2 x 38 cm

Präsentationsblatt, 1974
Tusche auf Transparentpapier stellenweise mit Klebegrafik, 49,7 x 49,2 cm

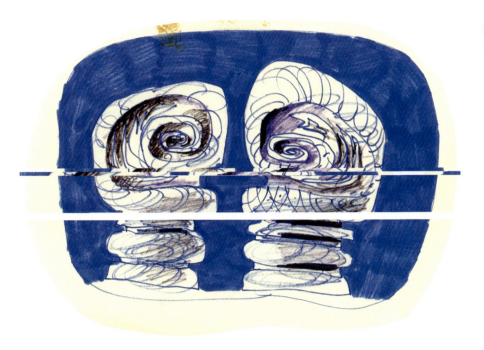

Repräsentative Studie, 1975
Filzstift auf Skizzenpapier, 20 x 28 cm

Omega als Schrift und als Form, 1975
Tusche auf Transparentpapier, 23,7 x 55,7 cm

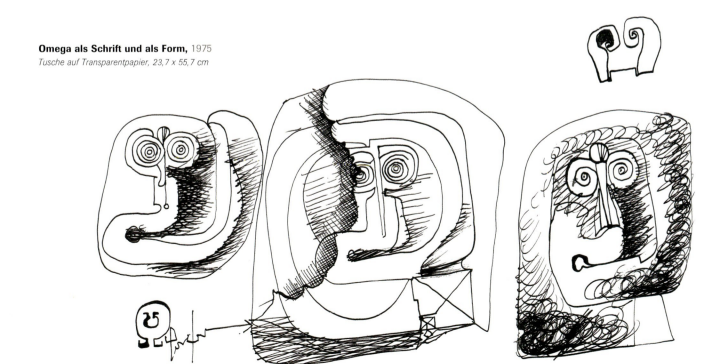

1972–77

Freiheitsdenkmal

Berane (vorm. Ivangrad), Montenegro

Literatur
• Bogdan Bogdanović, *Umjetnička koncepcija spomenika na Jasikovcu*, in: *Sloboda* Nr. 375, Jg. 17, 15.9.1977, o. S.
• Katarina Ambrozić, *Bogdan Bogdanović. Umetnik i delo*, in: *Bagdala* Nr. 242–243, Jg. 21, Mai/Juni 1979, S. 6
• Bogdan Bogdanović, *Zapis o građenju spomenika u Ivangradu*, in: *Letopis Matice Srpske*, Novi Sad, März/April 1980 Jg. 156, Bd. 425, Heft 3/4, S. 596–609

Diese Gedenkstätte befindet sich auf dem Hügel Jasikovac oberhalb der Stadt, mitten unter den Resten einer kleinen Erdfestung aus der Zeit der Osmanenherrschaft. Dem bereits bestehenden historischen Erdwall von ca. 40 x 60 Metern fügte Bogdanović einen inneren, wesentlich niedrigeren hinzu, wodurch ein befriedeter Umgang entstand. Auf dem inneren Erdwall wurden vierzig sarkophagartige Stelen aus dunkelgrauem herzegowinischem Gabbro aneinandergereiht, an denen in einer verspielten Sgraffitotechnik Episoden aus dreieinhalb Jahrhunderten der Geschichte der Vasojević-Sippe wiedergegeben werden; von Stele zu Stele wechseln Gedenkinschriften mit minutiös eingravierten Ornamenten.

Der Zierrat an den Stelen wurde nicht von ungefähr der Ornamentik der montenegrinischen Volkstracht entnommen; der Heuristiker Bogdanović verstand es, in ihr Piktogramme verschiedener Winde zu erkennen. Dies korrespondierte mit der Idee, in der Mitte der Anlage, in einer oval gepflasterten Senke, einen 18 Meter hohen, mit Sandsteinplatten verkleideten Kegel zu errichten; in der Fantasie des Architekten und seiner Steinmetze wurde dieser Kegel zum Werk jenes Windwirbels stilisiert, der auch das steinerne Geschichtsbuch, also die Stelen, über das Gelände zerstreut hat.

Berane (vorm. Ivangrad)   Freiheitsdenkmal

***Der Kegel in der letzten Planungsphase
oder nachträgliche Interpretation***
um 1975
Tintenstift auf Büropapier, 19,3 x 20,3 cm

**Vedute und *Tetraktys* [Viertheit] der
Pythagoräer,** um 1976
*Tusche / Bleistift / Tintenstift auf Transparentpapier,
25,1 x 41,8 cm*

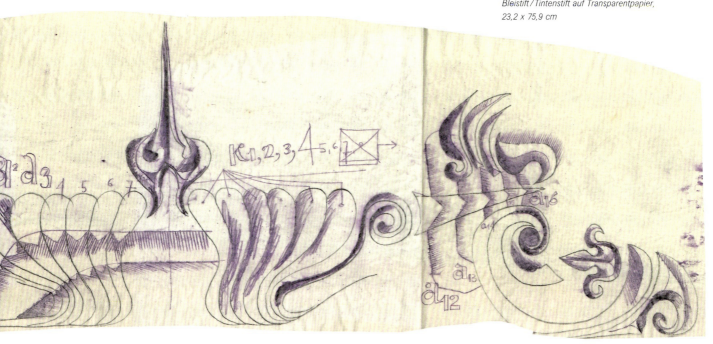

Ornamententwurf, 1977
*Bleistift / Tintenstift auf Transparentpapier,
23,2 x 75,9 cm*

Ideographische Pimetrie, 1977
Tusche auf Transparentpapier, 24,7 x 21 cm

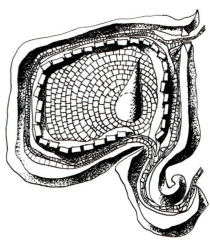

Ideographische Planimetrie, 1977
Tusche auf Transparentpapier, 28,6 x 22,3 cm

1973–75

Kultstätte für die gefallenen Freiheitskämpfer

Vlasotince, Serbien

Literatur
• Katarina Ambrozić, *Bogdan Bogdanović. Umetnik i delo*, in: *Bagdala* Nr. 242–243, Jg. 21, Mai/Juni 1979, S. 6

Bogdanović ließ auf einer Anhöhe oberhalb des Flusses Vlasina einen szenischen und zugleich intimen Raum entstehen. Den Kern der Anlage, die sich auf einer Fläche von nicht mehr als einem Hektar erstreckt, bildet ein Miniamphitheater mit drei Zuschauerreihen aus grob bearbeiteten Granitquadern. Rund um diese ovale Senke wurden Steinbrocken gelegt, die in den nachträglich angestellten Interpretationen des Architekten als steinerne Blumen fungierten; da sie ebenfalls aus Granit sind, konnten die Steinmetze sie nur mit flachen Einkerbungen verzieren. Unmissverständlich unter dem Eindruck des neolithischen Zeichenvokabulars entwickelte Bogdanović diese Zierelemente an einer Schnittstelle zwischen floralem Ornament und Piktogramm.

Etwas abseits des Amphitheaters erhebt sich ein mächtiger, zwölf Meter hoher Pylon. Die Entwicklungsgeschichte dieses „Wächters der Revolution", wie er seitens der Auftraggeber bezeichnet wurde, bildet in der Praxis des Architekten keine Ausnahme: In den frühen Ideenzeichnungen als Telamon mit ornamentalen Profilen definiert, mutierte er im Laufe des Planungsprozesses zu einer fast schmucklosen Mauerform. Anders als am Belgrader Denkmal von 1952, wo ein Tor mit Durchgangsmöglichkeit entstanden war, begnügte sich der Architekt hier mit einer Vertikalgliederung der Steinverkleidung durch eine Scharte; statt eines Tors entstand eine wehrartige architektonische Abbreviatur, mit der eine symbolische Grenze zwischen dem geweihten Raum und seiner profanen Umgebung gezogen wird.

Vlasotince Kultstätte für die gefallenen Freiheitskämpfer

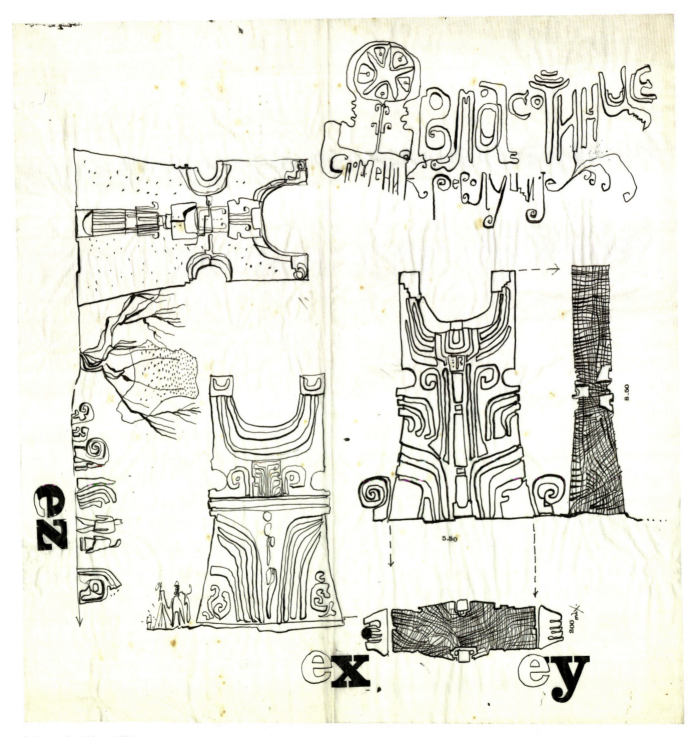

Präsentationsblatt, 1974
*Tusche / Klebegrafik auf Transparentpapier,
49,8 x 49,4 cm*

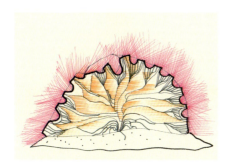

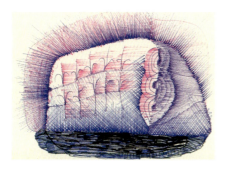

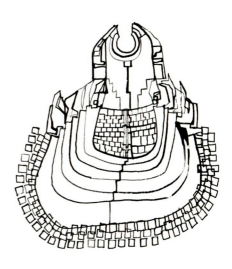

Zoomorphie, um 1977
Tusche auf Transparentpapier, 27,2 x 27,4 cm

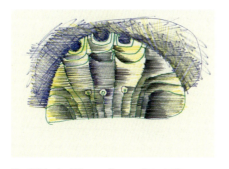

Neolithische Blumen in repräsentativen Studien, 1974
Filzstift auf Skizzenpapier, 21 x 29,3 cm

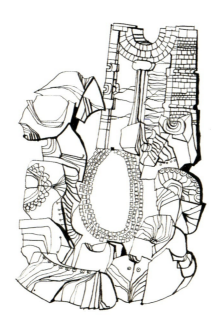

Capriccio, um 1977
Tusche auf Skizzenpapier, 39,4 x 30,7 cm

1974

Adonisaltar im Internationalen Skulpturenpark

Labin, Kroatien

Literatur
• Katarina Ambrozić, *Bogdan Bogdanović. Umetnik i delo*, in: *Bagdala* Nr. 242–243, Jg. 21, Mai/Juni 1979, S. 6

Mit dieser Arbeit lieferte Bogdanović, der stets auf einer klaren Trennung zwischen seinem Werk und dem Bereich der Skulptur bestand, eine Ausnahme; der bildhauerische Ansatz äußert sich zumindest darin, dass bei den eingemeißelten Mustern langfristig eine Färbung durch wechselnde Witterung einkalkuliert war. Formal gesehen bot dem Architekten das im Sommer 1974 stattfindende Internationale Symposium der Bildhauer und Steinmetze die Gelegenheit, den Atlanten, der in den Skizzen für Bela Crkva und Vlasotince als Initial im Planungsprozess in Erscheinung tritt, in istrischem Kalkstein zu materialisieren.

Auf dem Prinzip einer abstrakten, „inneren" Ähnlichkeit basierend, wurden die Seiten des gut vier Meter hohen Altars als stellvertretend für die vier Jahreszeiten gestaltet. Dabei ähnelt die verwendete Ornamentik manchen grafischen Schemata, mit denen Bogdanović im Laufe des Jahres 1973 das Dreietappenjahr im Nachleben des getöteten Adonis dargestellt hatte (ein Drittel verbringt er mit Aphrodite, ein Drittel mit Persephone, ein Drittel irrt er in öden Gegenden umher). Der Adonis-Mythos ist auch eines der möglichen Paradigmen der zyklischen Lebenserneuerung, um die der Architekt auf assoziativer Ebene in etlichen Denkmalprojekten bemüht war.

In den 1980er Jahren kehrte das Motiv des Atlanten in Form eines schmucklosen „Wächters der Freiheit" in Klis bei Split zurück (siehe Werkliste); dieses Denkmal wurde jedoch 1996 im Zuge des politischen Wandels in Kroatien von seinem Standort entfernt.

Labin Adonisaltar im Internationalen Skulpturenpark

Heroica, Blatt 31, 1974
Filzstift auf Aquarellpapier, 24,3 x 17 cm

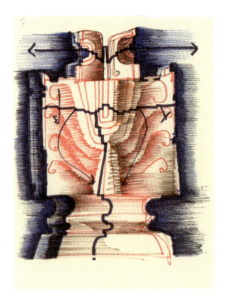

Heroica, Blatt 20, 1974
Filzstift auf Skizzenpapier, 22,4 x 16,8 cm

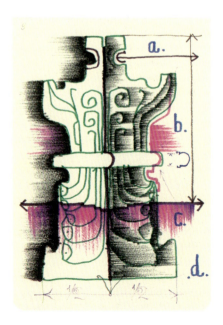

Heroica, Blatt 22, 1974
Filzstift auf Aquarellpapier, 24,3 x 17 cm

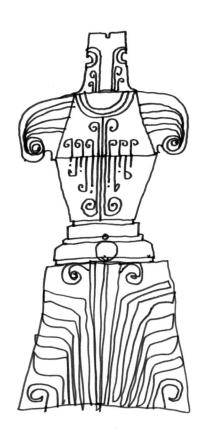
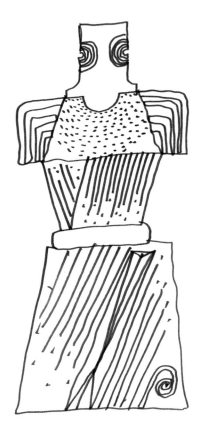

„Choreografie" der Ornamente, 1974
Filzstift auf Konzeptpapier, 29 x 18,8 cm

Gedenkpark Dudik für die Opfer des Faschismus

Vukovar, Kroatien

Literatur
• Vlado Bužančić, *Bogdan Bogdanović. Spomen-park Dudik, Vukovar,* Interview im gleichnamigen Ausstellungskatalog, 1982, o. S.
• Bogdan Bogdanović, *Die Stadt und der Tod. Essays,* Wieser Verlag, Klagenfurt / Salzburg 1993, S. 7 – 14
• Urša Komac, *The Public Space for Enjoying Solitude* (Diss. am Departament de projectes arquitectònics, ETSAB, Universitat Politècnica de Catalunya), Barcelona 2005, S. 113 – 117

Am Rande der kleinen Stadt an der Donau, an einem Ort namens Dudik („Maulbeergarten"), wo zwischen Juli 1941 und Februar 1943 mehrere Erschießungen von Angehörigen des antifaschistischen Widerstands und unbeteiligten Zivilisten durch die Ustascha stattfanden, erheben sich dicht aneinandergedrängt fünf mächtige Konusse. Bis über die Hälfte ihrer Höhe von 18 Metern sind sie mit Dioritquadern verkleidet, die Skelette der Spitzen sind hingegen mit Kupferplatten bedeckt – eine Technik, für die Bogdanović Kirchendachspengler engagierte.

Diesen „versunkenen Turmspitzen" fügte Bogdan Bogdanović eine Flotte von 27 Booten aus Gabbro bei, die neben dem offensichtlichen Hinweis auf die lokale Tradition der Donauschifffahrt Möglichkeiten für eine Reihe von metaarchitektonischen Exegesen bieten (siehe *Drei Mausoleen* [S. 152f]). Die Positionierung dieser Boote ergab sich aus einer Performance, die der Architekt mit Schulkindern veranstaltete: Er ließ sie mit großformatigen Entwürfen umherschlendern, um ihnen in einem bestimmten Augenblick zu befehlen, stehenzubleiben. Rund um ein leicht abgesenktes Plateau neben der Denkmalanlage wurden niedrige Stufen angeordnet, die als Stehplätze bei Gedenkveranstaltungen dienten.

Im Zuge der Kriegshandlungen 1991 wurden die Konusse und die Boote schwer beschädigt. Die Replik eines alten pannonischen Brunnengehäuses, die sich im Zugangsareal des Gedenkparks befunden hatte, wurde abgerissen.

Vukovar Gedenkpark Dudik für die Opfer des Faschismus

Steinernes Boot in Proportionsstudie
um 1978
Filzstift auf Karton, 24,8 x 36,2 cm

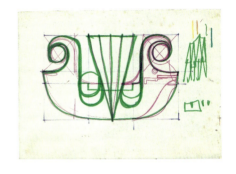

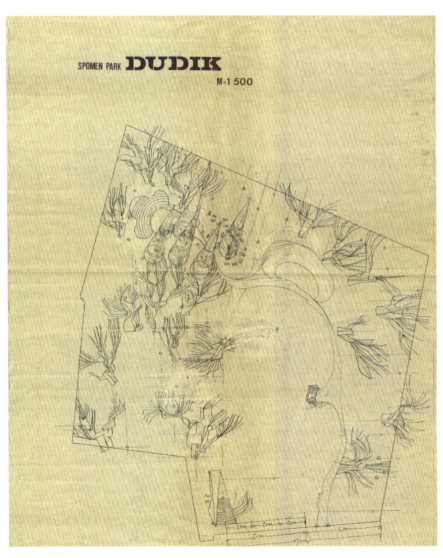

Situation, um 1980
Lichtpause und Bleistift, 80,5 x 65,7 cm

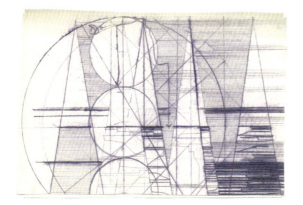

Zeichnerischer Appendix von 1982:
Proportionsschema
Tintenstift auf Schoellerhammer-Karton (kaschiert), 27 x 40,6 cm

Zeichnerischer Appendix von 1982:
versunkene Turmgräber
Fotokopie fallweise mit Bleistift bearbeitet, 29,6 x 42 cm

Zeichnerischer Appendix von 1982:
spekulative Archäologie
Fotokopie mit Bleistift und Tusche überarbeitet, 29,6 x 42 cm

1979–81

Kriegermausoleum

Popina bei Trstenik, Serbien

Literatur
• Nedeljko Radulović, *Vojniku na mrtvoj straži*, in: *Politika ekspres* Nr. 6324, Jg.19, 12.10.1981, S. 6
• Milorad Jevtić, *Granitni nišan*, in: *Politika* Nr. 24473, Jg. 78, 21.11.1981, S. 9
• Mihajlo Mitrović, *Popina Monument, Vrnjačka Banja. Čačak Mausoleum*, in: Anthony Krafft (Hrsg.), *Architecture contemporaine / Contemporary Architecture*, Bd. 4, Paris / Lausanne 1982–83, S.153 –158
• Aleksandar Trumić, *Mauzolej u Popini*, in: *KUN* (*Oslobođenje*) Nr. 216, Jg. 7, 28.8.1985, S. 8
• Friedrich Achleitner, *Bogdan Bogdanović – Versuch einer Auseinandersetzung anlässlich seines 80. Geburtstages / An Attempted Investigation On The Occasion Of His 80th Birthday*, in: *architektur.aktuell* Nr. 273, Dezember 2002, S.109 –111

Im Herbst 1941 war der Hügel Nebrak oberhalb des Flüsschens Popina Schauplatz des ersten großen Gefechts zwischen Tito-Partisanen und den deutschen Besatzern. Die Gemeinden Trstenik und Vrnjačka Banja beauftragten Bogdanović bereits 1977 mit dem Entwurf einer Gedenkstätte; ihr ursprüngliches Vorhaben, das Areal mit begleitender Infrastruktur auszustatten (Motel, Sportplatz, Kaskadenregulierung des Flüsschens im Tal), konnte aus finanziellen Gründen nicht in vollem Umfang realisiert werden. Für Verkleidungen, Monolithen und Wegpflasterung wurde jedoch der kostspielige herzegowinische Gabbro verwendet.

Beginnend mit einem Quader, in den eine Gedenkinschrift für die zweiundvierzig Gefallenen eingemeißelt ist, liegen alle vier Bestandteile des Ensembles auf einer Horizontalachse von ungefähr 60 Metern Länge. In deutlicher Entfernung vom Quader stehen drei mächtige, dicht aneinandergereihte Ringe auf Sockeln, die über seitliche Treppen begehbar sind. Ihre Öffnungen von drei Metern Durchmesser fungieren als Beginn eines imaginären Rohrs: Durch sie, den Durchbruch im 18 Meter hohen Prisma und die Öffnung in einem vierten Ring kann man den Blick bis in die Hügellandschaft an der anderen Seite des breiten Tals schweifen lassen. Die erwähnte Gedenkinschrift findet an jenen Sockeln der Ringe, die zum Prisma gewandt sind, ihre Fortsetzung: Beide Stellen sind mit dem Motto „Wenn es notwendig ist, tue es noch einmal" versehen. Auch diese Verdoppelung erfährt eine Verdoppelung, indem das Motto jeweils links und rechts der Vertikalachse als Spiegelung wiedergegeben wird – wohl ein Hinweis darauf, dass das Wiederholen auch und gerade in einer jenseitigen Dimension möglich sei.

Die Schmucklosigkeit dieses Denkmals reizte den Architekten anzumerken, er habe zwar keine Ornamente verwendet, dafür aber ein Riesenornament in die Landschaft gesetzt. Zudem ergriff er hier die Gelegenheit, der Moderne, aber auch der französischen „Revolutionsarchitektur" einen späten Tribut zu zollen.

Popina bei Trstenik Kriegermausoleum

Verkleidungs- und Proportionsstudien
1978
Tusche auf Transparentpapier, 65,5 x 40,5 cm

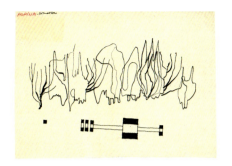

Grundrissschema, 1982
Tusche auf Transparentpapier, 20,7 x 29 cm

Präsentationsblatt, um 1980
Tintenstift auf Schoellerhammer-Karton, 75,5 x 59,4 cm

Anagramm: Belgrader Denkmal für die jüdischen Opfer des Faschismus und das Kriegermausoleum in Popina als Vexierspiel, um 1987
Bleistift/Filzstift auf Büropapier, 15 x 16,3 cm

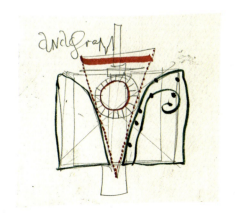

Bogdan Bogdanović und der Wohnbau Ivan Ristić

1952–53

Wohnsiedlung des Instituts für Hydrotechnik „Jaroslav Černi"

Avala bei Belgrad, Serbien

Literatur
• *Der verdammte Baumeister*, Paul Zsolnay Verlag, Wien 1997, S. 115–118

Ohne Aussicht auf eine Realisierung und somit frei von jeglichen bauadministrativen Vorgaben fertigte Bogdanović bis in die späten 1950er Jahre mehrere Pläne für Wohnbauten und Siedlungsgruppen an. Die einzige Ausnahme stellte der informell erteilte Auftrag für diese zwölf Kilometer von Belgrad entfernte Siedlung dar. Aus Kostengründen konnte nur die erste Bauphase abgeschlossen werden; von den ursprünglich 24 geplanten eingeschossigen Einfamilienhäusern wurden acht gebaut.

In deutlicher Abkehr von den großen Gesten der Siedlungsplanung nach dem Krieg schuf Bogdanović ein Ensemble aus Zweiereinheiten auf gegeneinander verschobenen Achsen. Die Wohnflächen von jeweils 66 Quadratmetern sind auf die Kommunikation mit dem Außenraum ausgerichtet; manche der Häuser sind mit einer Veranda ausgestattet. Die Verkleidung der Seitenmauern mit Naturstein und die Dachdeckung mit Klosterziegeln deuten auf Anregungen durch mediterrane Bautraditionen hin. Ein besonderes Anliegen des Architekten waren dabei die Unregelmäßigkeiten in der Fassadengliederung, die Anklänge an eine anonyme Architektur vermitteln; hätte er darüber hinaus sein ursprüngliches Vorhaben realisiert, die Rauchfänge mit Fliesenscherben zu verkleiden, wäre dies ein frühes Beispiel der Auseinandersetzung mit Gaudí gewesen.

Für die weiteren Bauphasen schlug der Architekt 1955 zwei modifizierte Formen des bereits bestehenden Haustyps vor, diesmal mit Vergrößerungen des Wohnraums durch je ein Zimmer im Dachgeschoss und einer Fassadenbelebung durch verspielte Sgraffiti.

Avala bei Belgrad Wohnsiedlung des Instituts für Hydrotechnik „Jaroslav Černi"

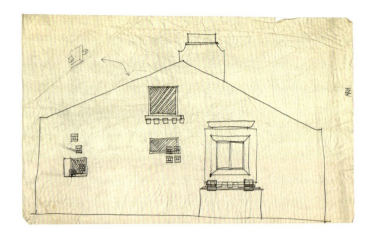

Studie, 1952
Tusche auf Transparentpapier, 29,5 x 49,5 cm

Lageplan, 1952
Tusche auf Transparentpapier, 18,2 x 32,7 cm

Aus der Präsentation des Erweiterungsprojekts vom Dezember 1955, Haus-Typus 3 in Seitenansicht
Tusche auf Transparentpapier, 35,7 x 49,5 cm

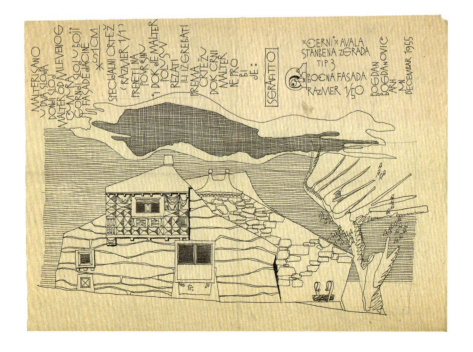

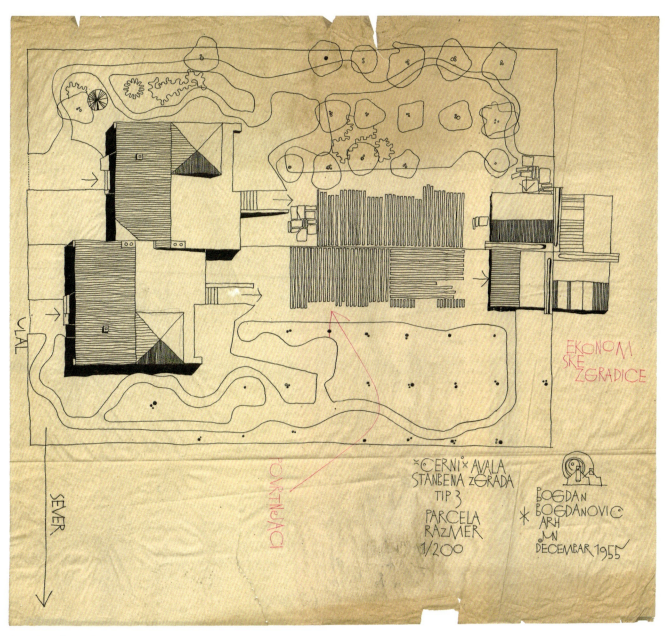

Aus der Präsentation des Erweiterungsprojekts vom Dezember 1955, Haus-Typus 3 in Draufsicht
Tusche auf Transparentpapier, 45,3 x 49,3 cm

1960–61

Umbau der Villa von Königin Natalija

Smederevo, Serbien

Im Sommer 1961 fand in Belgrad die erste Konferenz der blockfreien Staaten statt. Um den Gästen der Konferenz auch außerhalb der Stadt ein repräsentatives Objekt zur Verfügung zu stellen, nahmen die Organisatoren die Renovierung einer baufälligen Villa in Angriff, die um 1900 für die serbische Königinmutter Natalija im „Schweizer Stil" umgebaut worden war. Von Weingärten an den sanften Abhängen umgeben, mit Blick auf die Donau und nicht allzu weit von der Hauptstadt entfernt, sollte sie nach der Konferenz als Sommerresidenz für Marschall Tito dienen.

Da Bogdanović für die Arbeit an diesem Projekt zu einem Zeitpunkt engagiert wurde, an dem die Bauarbeiten bereits fortgeschritten waren, konnte er nur mehr punktuell eingreifen. Er ließ die Schauseite des einstöckigen Gebäudes bis zur Höhe des Sockelgeschosses mit Lajkovacer Kalkstein verkleiden, wodurch ein robuster Gegensatz zum hellen Putz und den großflächigen Verglasungen in den oberen Partien entstand. Für die Fassadendekoration wurden typisierte Elemente aus Blech verwendet, im Hochparterre werden sowohl der elegante Portikus vor dem Risalit als auch die Fenstergiebel von zierlichen Säulchen mit ionischen Voluten getragen; eine Reihe von Giebeln an Fenstern und Glastüren wird von stilisierten Festonen flankiert. Die wohl manieriertesten Einzelheit stellt ein Türmchen mit Pyramidendach und kleinen Blendfenstern dar, das aus einem ebenerdigen Küchentrakt an der Gartenseite ragt. Für die Interieurs wurden weitgehend klassizistische Elemente verwendet.

Mit besonderer Vorliebe für Details widmete sich der Architekt den mannigfaltigen Mustern der gepflasterten Spazierwege rund um die Villa. Diese sind von schlichten Steinvasen gesäumt, jenen unumgänglichen Requisiten traditioneller gartengestalterischer Konzepte; dass es jedoch nicht um historisierende Formen, sondern bloß um ein entsprechendes Zeichen ging, belegt der Umgang des Architekten mit diesen Dekorationselementen: Auf eine einheitliche, schlichte Form gebracht, stehen die Steinvasen abwechselnd paarweise und einzeln auf schmucklosen kubischen Podesten.

Ideenskizzen für Vasen im Garten, 1961
Tusche / Bleistift auf Transparentpapier, 36 x 60 cm

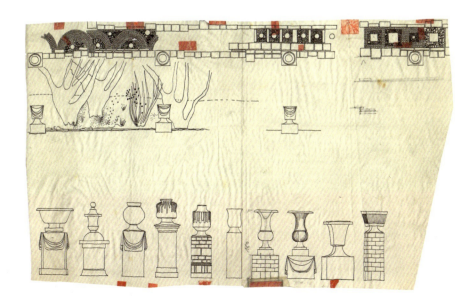

Bogdan Bogdanović im Wortlaut

Der Wert des Ornaments

Der Fluch des Ornaments hat sich bis in die jüngste Zeit gehalten. Auch für die funktionalistischen Architekten hat das Ornament in der Architektur keine Daseinsberechtigung – weil es keine Funktion hat. Es wäre allerdings falsch, die Begrifflichkeiten zu vereinfachen. Das Ornament hat tatsächlich keine unmittelbare Funktion an einem Bau, keine materielle zumindest. Um es breiter zu fassen, es hat scheinbar nicht einmal in der Natur eine Funktion. Würde aber auch nur ein Einziger den Reichtum der Formen und Farben in der Natur – den ornamentalen Reichtum – leugnen? Und soll es ihn wirklich nicht geben? Hat es gar keinen Sinn, dass die Materie, die uns umgibt, so üppig und mannigfaltig, so anziehend organisiert ist? Nehmen wir als Beispiel die Farbenspiele und Musterungen bei den Blumen oder Schmetterlingen. Solche Ornamente lassen sich kaum wiedergeben oder beschreiben. Die Farbskala reicht von den hellsten, leuchtendsten morgendlichen Tönungen bis zu den dunkelsten nächtlichen Farben, bis zu den farblosen Farben, bis zu jener Farbe, die jede andere einsaugt und vernichtet. Spiegelt denn dieser Reichtum nicht eine subtilere Zweckmäßigkeit wider, einen allgemeineren Mechanismus des Daseins und der Erneuerung von Lebewesen? Stellt die Vielfalt, also das Polymorphe, mit ihrer Anziehungskraft nicht ein essenzielles biologisches Prinzip dar, nach welchem alles Lebende durchorganisiert ist? Ohne dieses Prinzip würden etliche Beziehungen jedes Sinnes entbehren; möglicherweise wären sie sogar unhaltbar. Sollte also die Kunst des Menschen oder auch nur die Architektur freiwillig aus diesem allgemeinen Formenreichtum scheiden, würde es gewissermaßen auch ein Scheiden aus der Ordnung der lebenden Dinge bedeuten. Vielleicht liegt gerade darin der grundlegende, primäre Irrtum des vulgären Funktionalismus.

Heute sind wir anscheinend Zeugen einer Überwindung einengender funktionalistischer Schemata. Immer deutlicher machen sich einschlägige Tendenzen bemerkbar. Zwar ist es nicht voraussehbar, wie wir das in etwa zehn Jahren sehen werden, dennoch kann man bereits von einer gewissen Umorientierung in den Vorstellungen sprechen. *Immer mehr macht sich die Idee breit von der Überwindung des funktionalistischen Stadiums, daher sollten wir heute vielleicht nicht so einseitig, so verbissen gegen jedes Ornament in der Architektur sein ...* [R. Boyd; Anm. d. Übers.] Unzufrieden wegen der Monotonie in der zeitgenössischen Architektur und enttäuscht, weil wir in ihr so wenig von der wahren Kraft und Symbolik, so wenig vom Geist finden, beginnen wir uns zu fragen, wo die psychologischen Grenzen der Architektur sind; wir dürften uns mit Fug und Recht auch fragen, wo denn ihre symbolischen, emotionalen oder sogar romantischen Funktionen sind. Und so weiter. Das wäre in etwa die Zusammenfassung einer Meinung, die wir heute immer häufiger zu hören bekommen. Vor kurzem wurde sie auch wörtlich so von Robin Boyd, einem Theoretiker der zeitgenössischen Architektur, geäußert. Immer stärker setzt sich also die Haltung durch – zuerst in ketzerischer Form, dann fast mehrheitlich –, wonach wir zurück zum Schmuck müssten, zu den neuen Formen von Schmuck, die vielleicht noch gar nicht angedacht wurden. Sogar die Entwicklungen in der zeitgenössischen Kunst deuten darauf hin.

Der heutige Verlust der traditionellen, Jahrhunderte währenden Einheit der plastischen Künste und der Architektur hat ernsthafte Folgen. Ohne diese Einheit wird die Architektur viel ärmer; auch Malerei und Bildhauerei leiden schwer darunter. Das Streben nach hochwertigeren Formen der Ornamentalität in der Architektur könnte sie wieder den plastischen Künsten näher bringen, und umgekehrt. Diese Integration ist etwas, was sich über kurz oder lang von selbst als Plastizität, als eine Lebendigkeit höheren Ranges, als Satz, als Stil organisiert. Es sieht so aus, als ob es nach mehr als einem Jahrhundert der „Stilfreiheit" vonnöten sei, zum Begriff des Stils zurückzukehren – um wenigstens ihn zu begreifen, wenn auch nur für einen Augenblick und durchaus subjektiv. Der Stil muss sein; wir schätzen die Bemühungen sehr, ihn zu erlangen, denn der Stil ist der höchste Wert in der Domäne des plastischen Schaffens, in der Kunst überhaupt, und auch in der Architektur. Vor allem die Architektur und die Mode machen anschaulich, wie schwer es ist, zu einem richtigen Stil zu gelangen. Architektur ohne Stil werden wir – ebenso wie einen Menschen ohne Stil – als etwas Minderes betrachten, als etwas, das eines tieferen inneren Potenzials und einer subtilen inneren Kohärenz entbehrt.

aus: *Vrednost ornamenta*, in: *NIN* Nr. 284, Jg. 6, 10.6.1956, S. 8

Volksschule in Mojkovac
1955
Fassadenstudie,
Tusche auf Transparentpapier, 24,2 x 26,7 cm

Der kleine Urbanismus: „Zeichnung"

Es geht um einen besonderen Begriff, den ich, da ich ihn schon öfter bemüht habe, nun auch erläutern soll. Ich befürchte eigentlich, dass es vorerst abstrus wirken wird. Es geht um die Zeichnung in einem übertragenen Sinn, also nicht um die Zeichnung auf Papier, sondern um diejenige, die in Formen enthalten ist. „Mir gefällt die Zeichnung dieser Fassade, dieses Daches, dieser Rauchfänge, sie beseelt mich!" Das sagt man manchmal, wiewohl es sich dabei um echte Fassaden, Dächer und Rauchfänge handelt. Somit ist man bereits im Bann der edlen künstlerischen Täuschung. Man sieht nämlich die Zeichnung auch dort, wo es eine Zeichnung im wörtlichen Sinne nicht gibt, man bemerkt die Linien auch dort, wo keine sind. Laut unseren Lehrbüchern für das Zeichnen nach der Natur gibt es nämlich keine Linien, sondern nur deren Abstraktion!

Ein ungeübtes Auge vermag es nicht, eine solche „Zeichnung" in den Formen wahrzunehmen, es entdeckt sie nicht vollends, nichtsdestotrotz genießt es die Wertigkeit und die Lebendigkeit so mancher gut gezogener „Linien" in der Natur, obwohl diese, wie gesagt, materiell nicht vorhanden sind. Ein Auge, das beobachten und sehen kann (was allerdings bedeutet, dass man zum besseren Sehen auch ein Vorstellungsvermögen braucht), sieht die Zeichen in den Formen und ahnt die Hand, welche die Linien gezogen hat. Dahinter werden der Kreislauf, der Puls und das Herz zu spüren sein, die diese Hand angetrieben haben.

Diese durch Formen suggerierte, materiell nicht existierende Zeichnung offenbart besser als alles andere die Quintessenz der Form, nämlich ihren Rhythmus, ihre Bewegung. Die „Zeichnung" ist jenes gewisse Etwas, durch welches die Form ausgedrückt und offenbart wird. An der Zeichnung erkennen wir die Formen, durch die Zeichnung merken wir sie uns. Die Zeichnung ist ihre Formel oder, wenn man so will, die Formel, durch die wir den Sinn bestimmter Formen orten können.

In der Architektur, im Urbanismus, im kleinen Urbanismus, hat die Form ihre Zeichnung, oder auch nicht. Das ist gewissermaßen auch ein Maßstab des plastischen Wertes. Sind die Formen echt und authentisch, so werden wir ihre wahre, essenzielle Zeichnung ahnen können. Auch umgekehrt: Wenn sie keine Quintessenz haben, gibt es auch keine Zeichnung, durch welche diese mitgeteilt werden kann. Zwar weisen auch die Formen, denen es an einer edlen Zeichnung mangelt, die Spuren eines beliebigen Grafismus auf, eines *Grafitismus*; wenn schon nichts anderes, dann trägt eine schlechte Fassade zumindest die Spuren von Lineal und Bleistift. Selbstverständlich ist es aber keine Zeichnung – der *Grafitismus* ist dieses Wortes und auch unseres Blicks nicht wert.

Was mich jedes Mal stark beschäftigt und sogar quält, ist die Frage, ob bestimmte Formen, die von menschlicher Hand stammen, auf eine Ausgangszeichnung, eine Ausgangsformel zurückgehen. In der Folge will ich herausfinden, worin diese Zeichnung enthalten ist, wo ihr Beginn liegt. Wenn es keine Zeichnung gibt, dann beginne ich die Unschlüssigkeit und das Elend einer Gestalt zu spüren. Solche Desorganisiertheit empfinde ich als geradezu peinlich. Sie beunruhigt mich. Der Wert der Dinge, die vor mir stehen, bleibt mir in solchen Fällen vollkommen unklar.

Ich würde auch anderen ein solches Sehen empfehlen. Indem man die Zeichnung in den Formen und Dingen unserer Umgebung sucht, die von menschlicher Hand erschaffen wurden, sucht man eigentlich nach ihrem Sinn. Deshalb ist es mir auf keinen Fall fremd, wenn man zum Beispiel von der „Zeichnung einer Fassade" oder der „Zeichnung einer

Piazzetta" spricht; auch dann nicht, wenn von der Zeichnung eines Daches oder eines Rauchfangs die Rede ist, wiewohl dabei Stein, Raster, Glas, Hohlziegel oder Beton gemeint sind. Sprechen wir von dieser in Formen enthaltenen Zeichnung, so erweisen wir im Grunde ihren Schöpfern die Ehre. Wir teilen ihnen mit, dass wir ihre Hand gespürt haben und dass wir sie schätzen.

„Crtež" [Rubrik *Mali urbanizam*], in: *Borba* Nr. 273, Jg. 22, 4.10.1957, S. 2

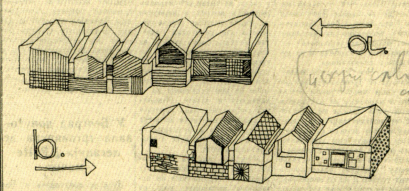

Der kleine Urbanismus: Haus und Baum

Ein Baum, ein einziger alter, ausladender, verästelter Baum. Gerade wie in diesem schönen Herbst zum Beispiel, obendrein reichlich vergoldet, durchgetrocknet wie Tabak, fahl vom sommerlichen Sonnenschein, schattenlos, durchleuchtet, um nicht zu sagen zerschlissen, aber allemal vergeistigt und besinnlich. Ein solch seltener Baum ist ein natürlicher Begleiter des Hauses. Oder besser: Haus und Baum gehören zusammen. Seit jeher ist es so. Zuerst das Haus und dann gleich daneben der Baum. Zwei Begriffe, die einander nah sind wie Bruder und Schwester.

Korrelationen sind unerschöpflich. Ein Baum vor dem Haus oder dahinter. Ein Baum, der von Häusern umtanzt wird und wie gefangen in einem Häuserreigen wirkt. Oder im Gegenteil: ein Baum, der größer und stärker ist als das Haus. Ein mit einem Baum bepflanztes Haus. Baum und Dach. Manche Bäume berühren mit ihren etwas zerbrechlichen und doch ruhelosen Fingern die Dächer – ein Anblick, bei dem ich immer wieder erschaudere. Oder zum Beispiel ein Baum und ein Fenster. Der Baum trommelt mit seinen spröden Fingern an das Glas, mit Fingern, die einmal erfroren sind, ein anderes Mal gerade reichlich aus dem Leben geschöpft haben.

Die Bäume sind freilich unterschiedlich. Manche sind introvertiert, sozusagen in sich gekehrt, selbstversunken. Es empfiehlt sich, über ihre Gedanken und Träume zu rätseln. Sie teilen uns etwas mit, und dieses Etwas will entschlüsselt werden. Ihre Schönheit fällt nicht allzu stark auf; sie verlangt Kontemplation, soweit das Kontemplieren über die Schönheit überhaupt möglich ist. Wenn wir aber über sie nachdenken und sie auf uns einwirken lassen, wird uns plötzlich bewusst, dass wir von ihr eingenommen sind und sie verstanden haben. Die Schönheit solcher Bäume strahlt mit einer stillen, aber andauernden Intensität.

Anders geartete Bäume sind extrovertiert oder, um es einfacher auszudrücken, kess! Ein Baum von dieser Sorte erinnert an einen alten Schauspieler, der romantisch und liebenswürdig und gerade deshalb aus der Mode gekommen ist. Ein solcher Baum hat uns immer etwas zu sagen und er tut es mit großen Gesten (hier ein Beispiel: eine Platane). Manche können ohnehin nur auf diese Weise mitgeteilt werden – durch einen großzügigen und sich verausgabenden Gestus. Das ist eigentlich die uralte Geschichte von Herbst und Frühling; die Geschichte darüber, dass das Leben vorübergehend erstarrt, um wieder aufgeweckt zu werden; die Geschichte über Flut und Ebbe des Lebens, über den ewigen Rhythmus, über die Dinge, die selbst dann leben, wenn sie scheinbar tot sind.

Manche Bäume drücken sich durch ihren Grafismus aus, durch die Zeichnung ihrer Äste, durch ihre Knorrigkeit, durch die Schrift der Linien, die sie in das Himmelsgewölbe ritzen. Andere sind hingegen eher Skulpturen als Zeichnungen. Sie strecken ihre massiven Glieder aus und halten sie wiederum zurück, indem sie sie verdichten und nach unten zusammenziehen. Sie tragen ihre Volumina auf die geeignetste Art, die man sich vorstellen kann. Nichts steht dermaßen fest und unwiderruflich (auch im bildhauerischen Sinne) wie die Bäume – nicht einmal dann, wenn ihr Leben erlischt, denn „die Bäume sterben aufrecht".

Selbstverständlich findet man so einen alten Baum nicht immer vor, und nicht jedes Haus ist durch die Natur mit einem verästelten, üppigen Baum gesegnet, der es bewacht. Damit es einen Baum geben kann, muss man ihn zuerst einmal pflanzen und dann warten, bis er größer und kraftvoller wird, was ja eine Weile dauern kann. Manchmal werden reife, „erwachsene" Bäume umgepflanzt, was viel Geschick und Mühe verlangt. Die günstigsten Fälle sind diejenigen, wo neben einem Haus in Bau bereits ein Baum steht.

Hier eine Art Schluss: ich wäre dafür, dass kleine Wohneinheiten – solche, von denen hier schon oft die Rede war – vor allem an den Orten angelegt und organisiert werden, wo sich bereits ein alter Baum befindet. „Dort, wo ein Baum steht, erbaue ich mir ein Haus", sagte man einst. Dort, wo ein Baum steht, errichten wir eine kleine Siedlung, versammeln wir eine Häusergruppe. So sollte man heute denken, was aber leider selten der Fall ist. Es ist nicht nur so, dass keine Bauplätze gesucht werden, die durch die Gegenwart eines alten Baums verzaubert sind; selbst dort, wo er steht, wird ein Baum gefällt. Hingerichtet. „Damit er auf der Baustelle nicht stört", sagen arglos diejenigen, die es getan haben, ohne zu begreifen, dass sie in diesem Augenblick Henker sind.

Kuća i drvo [Rubrik *Mali urbanizam*], in: *Borba* Nr. 294, Jg. 22, 25.10.1957, S. 2

Memorialarchitektur als Mittel zur Kommunikation mit anderen Zeiten

So wie das lebendige Wort möglicherweise stärker ist als das geschriebene, so ist auch die konzeptuelle Form stärker als die physische. Ich will damit sagen, dass die älteste architektonische Niederschrift konzeptueller und nicht physischer Natur ist. Beispielsweise stellt der Schädel in der Höhle von Monte Circeo, der von kreisförmig gelegten Steinen umgeben ist, bereits eine frühe architektonische Niederschrift dar. Dabei ist die Materialität dieser Steine belanglos, wichtiger ist die Kreisform oder der Versuch, ein Hexagon zu machen. Die älteste Niederschrift wäre also konzeptueller Natur, denn sie ist auf einige wenige geometrische Formen reduziert, auf die erste Andeutung einer Zahl, auf die urtümlichsten Generalisierungen, auf die Versuche des Menschen, in irgendeiner Weise sich selbst in Raum und Zeit durch primitivste, jedoch fixe Verallgemeinerungen zu kennzeichnen. [...]

Mit der Triade Thema-Synthema-Mythologem wird ein allumfassender Prozess der symbolischen Verallgemeinerung erklärt, der auf die Grundaussagen in der Memorialarchitektur bezogen ist. Durch die Bewegung von einem Punkt zum anderen wächst die Spannung der übertragenen Bedeutung. Etwas, das anfangs als eine einfache, rational erklärbare Tatsache wahrgenommen wird, bekommt durch seine Verwandlung in ein Synthema eine Reihe von zusätzlichen Bedeutungen, die aber nach wie vor durch rationale Erklärungen abgedeckt werden können. Bei einem Mythologem geschieht de facto ein Übergang ins Bildliche. Das Ganze wird somit zu einem System von Bedeutungen synthetisiert, das nunmehr mit einem Bilderfundus abgedeckt wird. Die komplexesten menschlichen Gefühle und Positionierungen der Außenwelt gegenüber müssen also durch Bilder ausgedrückt werden.

Der Übergang vom Mythologem zum Philosophem ist ein umgekehrter Prozess, ein Rationalisierungs-, oder besser: ein Superrationalisierungsprozess. Die einfachen Fakten, die anfangs im Thema gegeben waren, dann im Synthema vielschichtiger wurden, um schließlich im Mythologem durch eine Verwandlung in Bilder visualisiert zu werden, kehren nun in Form einer schlichten philosophischen Aussage höheren Ranges zurück. Es wird eine Sentenz gewonnen, die den Sinn der Sache wiedergibt.

aus: Boško Ruđinčanin, *Memorijalna umetnost kao oblik opštenja sa drugim vremenima. Razgovor sa Bogdanom Bogdanovićem* [Interview], in: *Bagdala* Nr. 242/243, Jg. 21, Mai/Juni 1979, S. 11, 13

Architektur als endloser Rätselbereich

Laut Stilkunde ist jede antike Säule zur Körpergröße eines jungen Menschen proportional; eine ionische Säule sei beispielsweise nach der Idealform einer imaginären jungen Frau proportioniert; selbst die ionische Volute erinnere an ihre Haare usw.

Diese Vorstellung kam mir sehr zugute, denn sie bestätigte mich in meinem Gefühl, dass jede Form, jeder Gegenstand in der Architektur, der einen besonderen Bezug zum Stein hat (das muss ich unterstreichen: *besonders ein solcher*) von einer solchen Art ist, dass er etwas in sich trägt, was dem Baumeister vorerst verborgen bleibt. Das war schon alles vor meinen Bauexkursionen niedergeschrieben worden, aber ich bekam die Gelegenheit, dies mit meinen Steinmetzen zu erproben. Oft habe ich schon jene berühmte Geschichte erzählt, wo der Meister auf den Stein klopft und aufhorcht. Ich frage, warum er das tue, und er sagt zu mir, er wolle hören, ob der Stein einen Wehschrei von sich gebe. Er hat also ein mythisches Verhältnis zum Stein, das ja nichts anderes ist, als das Verhältnis zur Baukunst. Er hat einen Bezug zur Materie, die ihm zufolge beseelt sei und schreien könne.

Diese Maxime, wonach die Materie beseelt sei und jede Säule in sich eine vollendete Menschengestalt einschließe, erinnert an die allgemeine humanistische Obsession der antiken Baukunst, die über ein klares System der Analogien verfügte. Kosmos – Polis – Mensch – Mikropolis, nichts durfte außerhalb dieses Systems existieren. Sollte man irgendwo auf der Skala zwischen dem Kosmos und einer menschlichen Zelle – auf dieser Skala des Zusammenfassens menschlicher Erscheinungen – eine Behausung oder eine Stadt erbauen, so hatte diese Behausung oder diese Stadt in ihrer Seelentiefe den großen Kosmos widerzuspiegeln. Daher musste sie ein anthropomorphes Ähnlichkeitsverhältnis zum Menschen in sich tragen, der wiederum selbst ein Mikrokosmos ist. Die Architektur hielt an dieser Position auf eine fast mystische Weise fest, mit dem Gefühl, dass sie nur in einem System der Analogien ein Teil der Natur oder sogar die Natur selbst sein könnte, was eben bedeutete, dass sie im Dienst des Menschen stehen würde, im wahren menschlichen Dienst.

aus: Boško Ruđinčanin, *Arhitektura – beskrajno polje zagonetki. Razgovor sa Bogdanom Bogdanovićem* [Interview], in: *Gradina. Umetnost. Nauka. Društvena pitanja* Nr. 9/80, Jg. 15, S. 161

Drei Mausoleen

Es gibt gute Gründe, die Genese des Vukovarer Denkmals in Hinblick auf die beiden anderen Bauwerke aus derselben Zeit zu beurteilen – auf das Mausoleum in Čačak und das Mausoleum in Popina. Ich würde mir, zur Verwunderung vieler und auch zu Ihrer Verwunderung, lieber Freund, das Recht herausnehmen zu sagen, dass das Vukovarer Denkmal, zumindest was mich angeht, auch und vor allem ein Mausoleum ist. Es würde mich freuen, wenn Sie diese Bezeichnung akzeptieren könnten.

Nun sollten wir die drei Ideen nebeneinander betrachten und uns auf die Suche nach ihrem gemeinsamen Ursprung begeben; keiner der drei Ringe lässt sich nämlich vom Ganzen lösen, genauso wie in jener berühmten Miniatur aus dem 13. Jahrhundert, die in der Bibliothek von Chartres verwahrt wird. Die Ideen entstanden und durchdrangen einander, was zweifelsohne durch das Bestehen einer hermetischen Überidee bedingt war. Hier ein Beispiel: Für alle drei Bauten gilt derselbe triadische Kanon 3:6:9:12:[15]:18. Alle drei wurden aus dem gleichen Stein gebaut, aus Jablanicaer Gabbro. Es war, glaube ich, keine geringe Leistung, drei Denkmäler im gleichen Material, in annähernd gleichen Ausmaßen und im gleichen Harmoniekanon, trotzdem aber als drei vollkommen verschiedene stereometrische Gebilde zu erbauen. Es war ohne Zweifel hilfreich, dass ich mich in allen drei Fällen auf *Wörter* stützte, dass ich mir also durch Wörter erklärte, wie ich risikofrei einen dreifachen Gedanken in drei eigenständige „Hälften" gliedern sollte. Ich halte mich beharrlich an die geniale Devise Adolf Loos', wonach jede gute Architektur mit Wörtern beschrieben werden könne. Der Bau, den man nicht auf eine einfache Weise beschreiben kann, ist schlicht kein guter; er ist innen und außen konfus, wie ein Mensch, der nicht erklären kann, wer und was er ist, woher er gekommen und warum er da ist, wo er ist.

Gut. Beim ersten dieser drei Mausoleen könnte dieses *Wort* durch die folgende semantische Kette verkörpert werden: *Tor, kleines Tor im großen Tor, drei gleichförmige Tore auf einer Längsachse, drei in einem Megaron vereinheitlichte Tore*. Im Gegensatz zu Čačak entsprang Popina einer völlig anderen semantischen Kette: *Pyramide – Prisma, rund durchlocht; vier Okuli, an einer zylindrischen Idealachse*. Und schließlich Vukovar: *erster Konus, zweiter Konus, dritter Konus, vierter Konus, fünfter Konus*. Die Grundflächen der Konusse schließen eine axiale Anordnung aus und verweisen auf ein eurythmisches Diagramm, welches ich mir durch Zeichnungen zu erläutern suchte.

Anfangs ahnte ich nicht, dass ich die Vukovarer Gruppe einmal als Mausoleum bezeichnen würde. Als die Kegel jedoch zu wachsen begannen, wurde mir klar, dass sie sehr konkret jenen inneren Raum definieren, der durch die dem Betrachter am nächsten verlaufenden Mantellinien begrenzt ist. Ich glaube gerne daran, dass dies ein mächtiger, expansiver Raum ist, ein fugitiver Raum sozusagen, und mir scheint, dass der Betrachter, eingeholt durch diese Mantellinien in Stein, sich ähnlich fühlt wie ein moderner Weltenbummler auf der Reise in die Vergangenheit, der plötzlich auf das geheimnisumwobene und unerklärliche Mausoleum des Lars Porsenna in Chiusi stößt, ein Bauwerk, von dem wir, die wir eine Zeitreise nicht zu tun vermögen, uns nur aufgrund der literarischen Beschreibung Varros ein Bild machen können. Sobald ich auf Porsenna gekommen war, entschied ich mich für die Bezeichnung „Mausoleum". Streng genommen hat das Mausoleum in Dudik kein Dach; als wesentlicher Unterschied zum etruskischen Beispiel trägt es auf seinen fünf Spitzen einen himmlischen Baldachin.

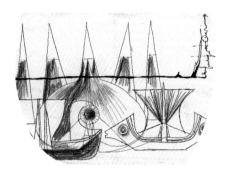

Zeichnerischer Appendix für den Gedenkpark Vukovar von 1982: Schiffe vor einer versunkenen Stadt
Fotokopie mit Graphitstift und Tusche überarbeitet, 29,6 x 40 cm

Manchen wird vielleicht die scheinbar unlogische, inkohärente Bildkette auffallen. Sie werden sich fragen, warum ich dieses Mausoleum in Dudik durch die in Stein symbolisierten Boote ergänze. Was ist das für ein geheimnisvolles Gebäude, das wie ein Arsenal von den Booten verlassen wird? Wo steuern die Boote hin? Um diese Antiallegorie mit den Booten richtig zu kommentieren, komme ich zurück zum Mausoleum Porsennas: In strikter Anlehnung an Varros Text glaubten die romantischen Klassiker vom Schlage Weinbrenners fest daran, dass es in sich, in seinen Substrukturen, ein Labyrinth barg. Als ich plötzlich begriff, dass ich unwillkürlich und durch reinen Zufall, also unbewusst, auf ein uraltes und heute kaum bekanntes Beispiel gestoßen war, und als ich im Laufe der Bauarbeiten begann, mir dieses als Paradigma anzueignen, beschloss ich, den Spieß umzudrehen und anstelle eines Labyrinths eine entgegengesetzte Position zu beziehen. So kam die Idee vom Schiff auf – als absoluter Antipode zu derjenigen vom Labyrinth.

Die Bauarbeiten gingen voran, und die drei Ringe, die drei Mausoleen, lösten sich allmählich voneinander. Das granitene Megaron von Čačak zierten Fabelwesen, und es erinnerte zunehmend an einen Kukuruzspeicher mit Gogolschen Dämonen; das Prisma in Popina gemahnte wegen seines kreisförmigen Durchbruchs immer stärker an ein altmodisches, mystisches Baumeistergerät (ich glaube sogar zu wissen, an welches, werde es bei dieser Gelegenheit aber nicht verraten); die fünf Kegel in Vukovar nahmen die Form des Antilabyrinths an, die man jetzt sehen kann. So wurde der Prozess der Zerlegung der ursprünglichen Idee in „drei Hälften" vollendet.

aus: Vlado Bužančić, *Bogdan Bogdanović. Spomenpark Dudik, Vukovar*, Interview im gleichnamigen Ausstellungskatalog, 1982, o. S.

Anhang

Lebensdaten

Als Gymnasiast, um 1939
Foto: Familienarchiv

Als Architekturstudent, um 1945
Foto: Familienarchiv

1922 geboren am 20. August in Belgrad; Vater Milan (1892–1964) ist Literaturkritiker und Redakteur der Tageszeitung *Republika* sowie der Literaturzeitschriften *Buktinje, Srpski književni glasnik* und *Danas*; nach 1945 wird er Universitätsprofessor, Präsident des Jugoslawischen Schriftstellerverbands und Direktor des Nationaltheaters in Belgrad; Mutter Mileva, geb. Mihailović (1894–1975) unterrichtet Französisch am Zweiten Belgrader Knabengymnasium

1925 Geburt der Schwester Ivana

1929 Trennung der Eltern

1940 Matura am Zweiten Belgrader Knabengymnasium und Beginn des Architekturstudiums an der Technischen Fakultät der Universität Belgrad

1941 kurz vor dem Angriff Hitler-Deutschlands und seiner Verbündeten auf Jugoslawien am 6. April Einstellung des Unterrichts an der Belgrader Universität; widmet sich während der Besatzungszeit dem Lesen und bestreitet seinen Lebensunterhalt durch Nachhilfestunden für Gymnasiasten

1944 nimmt als Partisan an Kriegshandlungen teil und tritt der Kommunistischen Partei Jugoslawiens bei

1945 wird im Februar in Ostbosnien schwer verwundet; muss sich in der Folge mehreren Hüftoperationen unterziehen; Orden für Tapferkeit und Entlassung aus dem Militärdienst als Oberleutnant; Wiederaufnahme des Architekturstudiums; Heirat mit Vera Jovanović

1950 Diplom im Fach Architektur an der Technischen Fakultät in Belgrad mit dem urbanistischen Plan für die Insel Lopud bei Dubrovnik; Betreuer ist Nikola Dobrović, einer der führenden Vertreter der jugoslawischen Moderne; Beginn der universitären Laufbahn an der Technischen Fakultät in Belgrad als Hilfsassistent am Lehrstuhl für Städtebau

1951 Geburt des Sohnes Slobodan

1952 realisiert sein erstes Bauwerk – das Denkmal für die jüdischen Opfer des Faschismus in Belgrad

1953 Fertigstellung der Wohnsiedlung des Instituts für Hydrotechnik „Jaroslav Černi" am Fuße des Avala-Bergs bei Belgrad; entwickelt in der Folge zahlreiche urbanistische Konzepte in abstracto; erhält eine fixe Assistentenstelle am Lehrstuhl für Städtebau

1958 Veröffentlichung des ersten Buchs: *Mali urbanizam* [Der kleine Urbanismus] auf der Grundlage einer wöchentlich in der Tageszeitung *Borba* erscheinenden Rubrik

1959 Scheidung der ersten Ehe

Auf der Baustelle in Kruševac, 1965

1960 Dozent am Lehrstuhl für Städtebau

1961 Oktoberpreis der Stadt Belgrad für den Gedenkfriedhof für die Opfer des Faschismus in Sremska Mitrovica

1962 hält seine erste Vorlesungsreihe an der Technischen Fakultät in Belgrad: „Die Entwicklung der Siedlungsformen", später „Die Geschichte der Stadt"; Eheschließung mit der Malerin Ivanka Živković

1964 außerordentlicher Professor am Lehrstuhl für Städtebau

1964/65 dreimonatiger Parisaufenthalt; Forschungen in der Bibliothèque Nationale und Lehrgang in der Sparte Revitalisierung kleiner Altstädte

1964–68 Präsident des Jugoslawischen Architektenverbands

1966 Oktoberpreis der Stadt Belgrad für das Denkmal in Jasenovac

1967 Scheidung der zweiten Ehe und Heirat mit Ksenija Anastasijević, Dozentin und später Professorin am Lehrstuhl für Anglistik an der Philologischen Fakultät der Universität Belgrad

1968 Ehrenbürger der Stadt Mostar

1969/70 zehnmonatige Forschungstätigkeit in Universitätsbibliotheken in den USA (Madison/Wisconsin und Columbus/Ohio)

1970 korrespondierendes Mitglied der Serbischen Akademie der Wissenschaften und Künste; Dekan der Architektonischen Fakultät

1971/72 sein Versuch, den Architekturunterricht nach basisdemokratischen Prinzipien zu modernisieren, scheitert am Widerstand der Universitätskollegen und des dogmatischen Flügels der Kommunistischen Partei; legt seine Funktion als Dekan nach dem Wechsel an der politischen Spitze in Serbien (dem Sturz der sogenannten Liberalen) zurück

1973 ordentlicher Professor, führt den Kurs „Symbolische Formen" ein; Preis „Menção honrosa" bei der Biennale in São Paulo

1976 Preis „7. Juli"; verlegt den Kurs „Symbolische Formen" in eine verlassene Dorfschule in Mali Popović bei Belgrad und leitet dort in den folgenden Jahren einen Alternativworkshop für Philosophie der Architektur

1981 Austritt aus der Serbischen Akademie der Wissenschaften und Künste; AVNOJ-Preis

1982–86 amtiert als Bürgermeister von Belgrad

1984 Kommandeur der Ehrenlegion

1985–86 Organisation und Betreuung eines internationalen urbanistischen Wettbewerbs für Novi Beograd

Lebensdaten

Als Dekan der architektonischen Fakultät
in Belgrad, um 1972
Foto: Familienarchiv

1987 veröffentlicht einen antinationalistischen und antimilitaristischen Brief an Slobodan Milošević und das Zentralkomitee der KP Serbiens; Gründungsmitglied der Internationalen Akademie der Architektur IAA in Sofia; Emeritierung

1989 Piranesi-Preis in Piran (Slowenien)

1990 Verbannung aus der Dorfschule in Mali Popović

1991–92 tätigt während des Krieges in Kroatien und Bosnien-Herzegowina erneut antinationalistische Äußerungen, was eine Hetzkampagne in den staatlichen Medien und gewalttätige Übergriffe zur Folge hat

1993 übersiedelt auf Initiative seines Jugendfreundes Milo Dor mit seiner Frau Ksenija nach Wien

1994 Auslandsmitglied der Russischen Akademie der Architektur und Bauwissenschaften; Beginn der Arbeit am experimentellen Projekt für ein Mahnmal am Weg des Friedens auf der Wiener Donauinsel

1995 Ausstellung *Die Verteidigung der Stadt* in der Planungswerkstatt Wien

1997 Herder-Preis der Alfred Toepfer Stiftung F.V.S. Hamburg

1998 korrespondierendes Mitglied der Bayerischen Akademie der Schönen Künste

2000 korrespondierendes Mitglied im Collegium Europaeum Jenense an der Friedrich-Schiller-Universität Jena; Bestätigung seiner Ehrenbürgerschaft der Stadt Mostar

2001 erste Belgradreise nach dem achtjährigen Exil

2002 Österreichisches Ehrenkreuz für Wissenschaft und Kunst 1. Klasse

2003 Goldenes Ehrenzeichen für Verdienste um das Land Wien

2005 übergibt sein zeichnerisches Archiv dem Architekturzentrum Wien

Mit Ksenija, 1990er Jahre
Foto: Familienarchiv

Werkverzeichnis

4

5

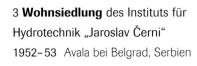

6

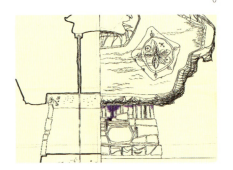

7

1 **Urbanistischer** Plan für die Insel Lopud *Projekt*
1950   Lopud, Kroatien

2 **Denkmal** für die jüdischen Opfer des Faschismus *Projekt und Realisierung*
1951–52   Belgrad, Serbien

3 **Wohnsiedlung** des Instituts für Hydrotechnik „Jaroslav Černi"
1952–53   Avala bei Belgrad, Serbien

4 **Wohnsiedlung** am See
1952–54   Biograder See, Montenegro

5 **Gedenkplatz** mit Mausoleum für gefallene Partisanen
1953–54   Makarska, Kroatien
(mit Slobodan Vasiljević)

6 **Urbanistischer Plan** und Denkmal für die Gefallenen in der Schlucht von Mojkovac
1954–55   Mojkovac, Montenegro

7 **Neugestaltung** der Festungsanlage Kalemegdan
1954–60   Belgrad, Serbien

8 **Volksschule**
1955   Mojkovac, Montenegro

9 **Denkmal** für die exekutierten Patrioten
1955–57   Jajinci bei Belgrad, Serbien

4 Studie, *Tusche auf Transparentpapier, 32,6 x 34 cm*
5 Studie, *Tusche auf Transparentpapier, 21,5 x 36,8 cm*
6 Studie, *Tusche auf Transparentpapier, 21,8 x 35,8 cm*
7 Studie für eine Stele im Castrum, *Tusche / Bleistift auf Karton, 61 x 61,5 cm*
9 Modell
10 Lageplan, *Tusche auf Transparentpapier, 18,1 x 22,2 cm*
12 Studie, *Tusche / Kohle auf Skizzenpapier, 40 x 57,5 cm*
14 Präsentationsblatt, *Tusche / Graphitstift auf Karton, 32,9 x 61,4 cm*

10 **Bildhauersiedlung**
1955   Belgrad, Serbien

11 **Feriensiedlung**
1956   Pržno, Montenegro
(mit Dušica Pavlović)

12 **Neugestaltung** der Festungsanlage
Petrovaradin
1956   Novi Sad, Serbien

13 **Innenhof** des Rektoratsgebäudes
der Universität Belgrad
1956   Belgrad, Serbien

14 **Grabmal** für einen gefallenen
Helden des Volksbefreiungskampfes
1956   Nova Varoš, Serbien

15 **Gebäude** des Belgrader Stadt-
komitees der KPJ
1957   Belgrad, Serbien

16 **Denkmal** für die KPJ
1957   Belgrad, Serbien

17 **Stelen und Obelisk** für die
Demonstranten des 27. März 1941
1958   Belgrad, Serbien

18 **Gedenkpark** „Bubanj"
1958   Niš, Serbien

19 **Denkmal** in der Sutjeska-Schlucht
1958   Vratar, Bosnien-Herzegowina

Werkverzeichnis

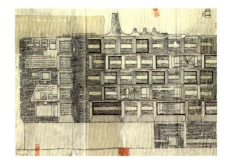

15

18

20 **Gebäude** der „Narodna Banka"
1958 Leskovac, Serbien
(mit Josip Svoboda)

21 **Gebäude** für die Gedenksammlung Pavle Beljanski
1959 Novi Sad, Serbien

22 **Gedenkfriedhof** für die Opfer des Faschismus
1959–60 Sremska Mitrovica, Serbien

23 **Partisanennekropole**
1959–65 Mostar, Bosnien-Herzegowina

24 **Gedenkstätte** für die KZ-Opfer
1959–66 Jasenovac, Kroatien

25 **Friedhof** der exekutierten Patrioten der Jahre 1941–44
1958–60 Belgrad, Serbien
(mit Svetislav Ličina)

26 **Umbau** der Villa von Königin Natalija
1960–61 Smederevo, Serbien

27 **Symbolische Nekropole** mit Freilichtbühne – Slobodište
1960–65 Kruševac, Serbien

28 **Kultstätte** für die serbischen und albanischen Partisanen
1960–73 Kosovska Mitrovica, Kosovo
(mit Dimitrije Mladenović)

15 Fassadenstudie, *Tusche/Bleistift auf Transparentpapier, 33,8 x 57,7 cm*
18 Studie, *Tusche auf Transparentpapier, 21,8 x 35,8 cm*

29 **Kenotaphe** für die gefallenen Widerstandskämpfer
1961 Prilep, Mazedonien

30 **Revolutionsdenkmal**
1964–71 Leskovac, Serbien

31 **Denkmal** für die Lovćener Partisaneneinheit
1967 Cetinje, Montenegro
(mit Sima Miljković und Filo Filipović)

32 **Memorialkomplex** „Šušnjar"
1968 Sanski Most, Bosnien-Herzegowina

33 **Denkmal** für die Gefallenen der Befreiungskriege 1804–1945
1969–71 Knjaževac, Serbien

34 **Kriegerfriedhof**
1969–74 Štip, Mazedonien

35 **Kenotaphe** im Gedenkpark Garavice
1969–81 Bihać, Bosnien-Herzegowina

36 **Denkmal** auf der Kriegsinsel
1970 Belgrad, Serbien

37 **Gedenkstätte** mit Kriegermausoleum
1970–80 Čačak, Serbien

38 **Kenotaphengruppe**
1971 Bela Crkva, Serbien

Werkverzeichnis

40

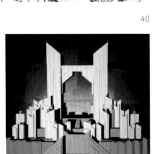

45

39 **Revolutionsdenkmal**
1971 Veles, Mazedonien

40 **Revolutionsdenkmal**
1972–74 Lece, Serbien

41 **Kenotaphe** für die Opfer des Faschismus
1971–75 Travnik, Bosnien-Herzegowina

42 **Denkmal** für die ermordeten Roma
1972 Arapova Dolina bei Leskovac

43 **Freiheitsdenkmal**
1972–77 Berane (vorm. Ivangrad), Montenegro

44 **Kultstätte** für die gefallenen Freiheitskämpfer
1973–75 Vlasotince, Serbien

45 **Denkmal** für die Befreier Zenicas
1972 Zenica, Bosnien-Herzegowina

46 **Adonisaltar** im Internationalen Skulpturenpark
1973–74 Labin, Kroatien

47 **Denkmal** für die 1. Južnomoravska-Brigade
1973 Obražde, Serbien

48 **Grabmal** für Dušan Petrović Šane
1978–80 Banja bei Aranđelovac, Serbien

40 Präsentationsblatt, *Tusche auf Transparentpapier, 48,7 x 51,3 cm*
45 Modell
51 Studie, *Bleistift/Filzstift auf Packpapier, 35 x 52 cm*
55 Präsentationsblatt, *Lichtpause, 64 x 50 cm*
56 Eröffnung, November 1987
57 Studien, *Fotokopie mit Tusche und Bleistift überarbeitet, 21 x 29,5 cm*

49 **Grabmal** für Džemal und Razija Bijedić
1978 Sarajevo, Bosnien-Herzegovina

50 **Gedenkpark** Dudik für die Opfer des Faschismus
1978–80 Vukovar, Kroatien

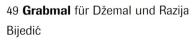

51 **Denkmal** für gefallene Widerstandskämpfer des Zweiten Weltkriegs
1979 Ralja, Serbien

52 **Kriegermausoleum**
1979–81 Popina bei Trstenik, Serbien

53 **Grabmal** für den Architekturstudenten Boća
1980 Belgrad, Serbien

54 **Denkmal** für gefallene Freiheitskämpfer
1980 Planinica, Serbien

55 **Freiheitsdenkmal**
1981 Algier, Algerien

56 **Denkmal** für die Gefallenen in der Schlacht um Klis 1943 („Wächter der Freiheit")
1982–87 (demontiert 1996) Klis, Kroatien

57 **Mahnmal auf dem Weg des Friedens auf der Donauinsel**
1994–96 Wien, Österreich

Schriften und Interviews (Auswahl)

- *Civilizacija mašinizma ili biotehnička civilizacija*, in: Književne novine Nr. 53, Jg. 5, 29.3.1952, S. 9
- *Pod Akropolisom*, in: Nova misao Nr. 10, Jg. 1, 1953, S. 558–570
- *Generalni plan Mojkovca*, in: Pregled arhitekture Nr. 3, Jg. 2, 1955, S. 69–72
- *Vrednost ornamenta*, in: NIN Nr. 284, Jg. 6, 10.6.1956, S. 8
- *Mašinom ili rukom*, in: NIN Nr. 294, Jg. 6, 19.8.1956, S. 6
- *Plemeniti arhitektonski crteži*, in: NIN Nr. 301, Jg. 6, 7.10.1956, S. 6
- *O postavljanju spomenika*, in: Delo Nr. 10, Jg. 2, Bd. 3, 1956, S. 1270–1282
- *„Crtež"* (Rubrik *Mali urbanizam*), in: Borba Nr. 273, Jg. 22, 4.10.1957, S. 2
- *Kuća i drvo* (Rubrik *Mali urbanizam*), in: Borba Nr. 294, Jg. 22, 25.10.1957, S. 2
- *Kamenovi*, in: Delo Nr. 4, Jg. 4, Bd. 5, 1958, S. 489–497
- *Mali urbanizam** [Der kleine Urbanismus], in: Narodna prosvjeta, Sarajevo 1958
- *Urbanizam, nevešta veština*, in: Mozaik Nr. 10, Jg. 6, 1959, S. 1
- *Traktat o enterijeru*, in: Delo Nr. 3, Jg. 6, Bd. 7, 1960, S. 301–318
- *Zaludna mistrija. Doktrina i praktika bratstva zlatnih (crnih) brojeva. Eidetičko transformacije Donata, najvećeg od najvećih, Paladija, majstora iz Vićence, Frančeska Bezumnog i Bezmernog, Gjanbatiste Piranskog, prijateljice Male bolesnice itd.* [Die müßige Maurerkelle. Doktrin und Praktik der Bruderschaft der goldenen (schwarzen) Zahlen. Eidetische Transformationen Donatos, des Größten von den Größten, Palladios, des Meisters aus Vicenza, Francescos, des Törichten und Maßlosen, Gianbattistas von Piran, der Kleinen Kranken Freundin usw.], Nolit, Belgrad 1963
- Predrag Protić, *Spomenik životu jačem od smrti*, Interview in: Duga Nr. 970, Jg. 20, 5.7.1964, S. 3–5
- *Magija i arhitektura*, in: Umetnost Nr. 2, Jg. 1, 1965, S. 24–37
- *Točak života nikada neće prestati da se kreće*, in: Bagdala Nr. 88, Jg. 7, Juli 1966, S. 5f
- *Discorso per un monumento*, in: La Battana Nr. 6, Jg. 3, 1966, S. 107–114
- *Urbanističke mitologeme* [Urbanistische Mythologeme], Vuk Karadžić, Belgrad 1966
- *Gradnja nove arhitektonske škole. Devetokrako stepenište*, in: Komunist Nr. 728, Jg. 29, 4.3.1971, S. 24
- *Gradnja nove arhitektonske škole. Naraštaj u međuvremenu*, in: Komunist Nr. 729, Jg. 29, 11.3.1971, S. 24
- *Gradnja nove arhitektonske škole. Psihodrama u koloru*, in: Komunist Nr. 730, Jg. 29, 18.3.1971, S. 28
- *Gradnja nove arhitektonske škole. Škola na ostrvu uvenulog cveća*, in: Komunist Nr. 731, Jg. 29, 25.3.1971, S. 24
- *Gradnja nove arhitektonske škole. Troglava aždaja*, in: Komunist Nr. 732, Jg. 29, 1.4.1971, S. 24
- *Gradnja nove arhitektonske škole. 3 x 12*, in: Komunist Nr. 733, Jg. 29, 8.4.1971, S. 28
- *Gradnja nove arhitektonske škole. Tradicija i nova škola*, in: Komunist Nr. 734, Jg. 29, 15.4.1971, S. 24
- *Gradnja nove arhitektonske škole. Prvi čas nove škole*, in: Komunist Nr. 735, Jg. 29, 22.4.1971, S. 20
- *Spomenik životu*, in: Naša reč Nr. 25, Jg. 26, 2.7.1971, o. S.
- *Town and Town Mythology*, in: Ekistics Nr. 209, Jg. 35, April 1973, S. 240–242
- *Prva arheološka godina Slobodišta*, in: Bagdala Nr. 183/184, Jg. 16, 1974, S. 8f
- *Znamenovanje kamena*, in: Borba Nr. 116, Jg. 53, 30.4.–2.1.1975, S. 14
- *Kako sam stvarao „Štipski memorijal"*, in: NIN Nr. 1252, Jg. 25, 5.1.1975, S. 30f
- *Život je jači od smrti, pravda od zločina, ljubav od mržnje*, in: Garavice. Bilten Nr. 1, Jg. 1, Februar 1975, S. 8–11
- *Symbols in the City and the City as Symbol*, in: Ekistics Nr. 232, Jg. 39, März 1975, S. 140–146
- *Urbs & Logos*, Gradina, Niš 1976
- *Umjetnička koncepcija spomenika na Jasikovcu*, in: Sloboda (Ivangrad) Nr. 375, Jg. 17, 15.9.1977, o. S.
- *Memorijalni park Dudik u Vukovaru*, in: Dudik Nr. 2, Jg. 1, 1.11.1977, S. 1f
- *Grad stvarnost – grad metafora*, in: Sinteza Nr. 1, Jg. 9, 1978, S. 22–31
- Boško Ruđinčanin, *Memorijalna umetnost kao oblik opštenja sa drugim vremenima. Razgovor sa Bogdanom Bogdanovićem*, Interview in: Bagdala Nr. 242/243, Jg. 21, Mai/Juni 1979, S. 10–14
- *Rogata ptica. Zapis o naknadno otkrivenoj „ideji ideje" Slobodišta* [Der gehörnte Vogel. Niederschrift einer nachträglich entdeckten „Idee der Idee" von Slobodište], Eigenverlag, Kruševac 1979
- Boško Ruđinčanin, *Arhitektura – beskrajno polje zagonetki. Razgovor sa Bogdanom Bogdanovićem*. Interview in: Gradina. Umetnost. Nauka. Društvena pitanja Nr. 9/80, Jg. 15, 1980, S. 153–180
- *Grad, velika životinja*, in: Delo Nr. 8, Jg. 26, 1980, S. 3–21
- *Zapis o građenju spomenika u Ivangradu*, in: Letopis Matice srpske Heft 3/4, Bd. 425, Jg. 156, März/April 1980, S. 596–609
- *Platonovi Zalud-gradovi*, in: Delo Nr. 10 (Themenheft Clocotristica), Jg. 27, 1981, S. 88–94

* *Die Titel von Buchpublikationen sind farbig markiert*

- *Esoteria clocotristica*, in: *Delo* Nr. 10, Jg. 27, Bd. 27, 1981, S. 69 – 100
- *Likovi naših starih naseobina*, in: Zoran B. Petrović, *Tragajući za arhitekturom*, Belgrad Architektonische Fakultät, 1981, S. 5f
- Branislav Jevtović, *O izriženoj kući*, Interview in: *Gradac* Nr. 41 (Themenheft *Mauzolej borbe i pobede protomajstora Bogdana Bogdanovića*), Jg. 8, Juli / August 1981, S. 12 – 16
- Milivoje Radulović, *Spomenik megdanu*, Interview in: *Vrnjačke novine* Nr. 274, 10.10.1981, S. 4
- *Gradoslovar* [Ein Glossar der Stadtphänomene], Vuk Karadžić, Belgrad 1982
- Momčilo Đorgović, *Jesmo li pametni ili nismo. Metafora Beograda jača je od njegovih fizičkih metamorfoza*, Interview in: *Danas* Nr. 35, Jg. 1, 19.10.1982, S. 17 – 19
- Dragan Gajer, *Svako je gradonačelnik svog Beograda*, Interview in: *TV revija* Nr. 807, Jg. 16, 13.8.1982, S. 8 – 12
- Vilijam Abramčik, *Platonov tajni roman*, Interview in: *Književne novine* Nr. 663, Jg. 34, 27.1.1983, S. 21 – 23
- *Povratak grifona. Crtačka heuristička igra po modelu Luisa Karola propraćena uvodnim ogledom Ljerke Mifke / The Return of the Griffon. A drawing heuristic game modelled on Lewis Carroll with an introductory essay by Ljerka Mifka* [Die Rückkehr des Greifs. Ein heuristisches zeichnerisches Spiel nach dem Modell von Lewis Carroll, begleitet durch einen Einführungsessay von Ljerka Mifka], Jugoart, Belgrad 1983
- Vlado Bužančić, *Bogdan Bogdanović. Spomen-park Dudik, Vukovar*, Interview im gleichnamigen Ausstellungskatalog, 1982, o. S.
- *Aristofanov teorijski triler. Mitologija grada*, in: *Odjek* Nr. 18, Jg. 37, 15. – 30.9.1984, S. 8 – 9
- *Zaludna mistrija. Doktrina i praktika bratstva zlatnih (crnih) brojeva. Eidetičke transformacije Donata, najvećeg od najvećih, Paladija, majstora iz Vićence, Frančeska Bezumnog i Bezmernog, Gjanbatiste Piranskog, prijateljice Male bolesnice itd.*, mit einem Nachwort von Ljerka Mifka, 2. Auflage, Grafički zavod Hrvatske, Zagreb 1984
- *Izuzetan graditelj u nevremenu arhitekture*, in: *Deroko i drugi o njemu* (Hrsg. Radovan Popović), Turistička štampa, Belgrad 1984. S. 58 – 63
- *Ponoćni monodijalog ili monodijalog o nemodernoj modernoj arhitekturi*, in: *Arhitektura urbanizam*, Sonderheft *Tekstovi arhitekata* (Hrsg. Ranko Radović) o. Nr., Jg. 24, 1984, S. 39 – 43
- *Pred kapijama svetlosti. Slovo prigodom otvaranja nove Kapije Sunca, na Slobodištu, u Kruševcu*, in: *Borba* Nr. 189 – 190, Jg. 62, 7. – 8.7.1984, S. 12f
- *Polis i megale polis. Nekoliko reči o zloćudnom gradskom hormonu ili o tome da li su Grcima gradovi zaista bili potrebni*, in: *Odjek* Nr. 24, Jg. 38, 15. – 31.12.1985, S. 9f
- *De gušteribus. Epistolarni esej ili eej* [De eidechsibus. Epistolarer Essay oder eey] (mit Rada Iveković, Hrsg. Bogdan Bogdanović und Miodrag Dramičanin), Galerija Tabak, Belgrad 1986
- *Eeji* (mit Rada Iveković), Prosveta, Belgrad 1986
- *Krug na četiri ćoška. Demonijačka rasprava o okultnom poreklu pitagorejskih utopija. Propraćena ponoćnim razgovorima dvojice pitagorejskih disidenata. Sa pridodatim epilogom & iscrpnim bibliografskim komentarom & dovoljnim brojem dijagrama & nacrta* [Der Kreis mit vier Ecken. Eine dämonenhafte Abhandlung über den okkulten Ursprung pythagoräischer Utopien. Ergänzt durch Mitternachtsgespräche zweier pythagoräischer Dissidenten. Mit beigefügtem Epilog & einem erschöpfenden bibliografischen Kommentar & einer ausreichenden Anzahl an Diagrammen & Entwürfen], Nolit, Belgrad 1986
- *Učitelj i učenik. Nekoliko reči o Platonovoj i Aristotelovoj prognozi ili Ko je zapravo bio u pravu*, in: *Odjek* Nr. 4, Jg. 39, 15. – 28.2.1986, S. 6f
- *Delo čudesnog Finca. Izložba Alvar Aalto-a*, in: *Politika* Nr. 26393, Jg. 84, 28.3.1987, S. 9
- Z. Kostović, *Izložba nenapisane knjige*, Interview in: *Večernje novine* Nr. 1360 / 6680, Jg. 24, 18.4. – 19.4.1987, S. 5
- N. Zlydneva, *The interview with B. Bogdanovich*, in: *Architecture and Society* Nr. 6, Jg. 6, 1987, S. 20f
- *Mrtvouzice. Mentalne zamke staljinizma* [Tote Knoten. Mentale Fallen des Stalinismus], August Cesarec, Zagreb 1988
- *Pasijansa Karla Friedricha*, in: *Dnevnik* Nr. 259, Jg. 37, 23.9.1989, S. 12 – 14
- *Knjiga kapitela* [Das Buch der Kapitelle], Svjetlost, Sarajevo 1990
- *A Site for the Spirit. Bogdan Bogdanovic's philosophy explored in extracts from his Midnight Mono-dialogues writing*, in: *World Architecture* Nr. 5, Jg. 2, 1990, S. 38 – 43
- Paul L. Walser, *Hinter diesem Krieg steckt ein infernalischer Plan*, Interview in: *Tages-Anzeiger* Nr. 273, Jg. 100, 23.11.1992, S. 2
- *Grad kenotaf* [Die Stadt als Kenotaph], Durieux, Zagreb 1993
- *Die Stadt und der Tod*, Wieser Verlag, Klagenfurt / Salzburg 1993
- *Architektur der Erinnerung*, Wieser Verlag, Klagenfurt / Salzburg 1994
- *Die Stadt und die Zukunft*, Wieser Verlag, Klagenfurt / Salzburg 1997
- *Der verdammte Baumeister*, Paul Zsolnay Verlag, Wien 1997
- Latinka Perović (Hrsg.), *Glib i krv* [Schlamm und Blut], Helsinški odbor za ljudska prava u Srbiji, Belgrad 2001

Schriften und Interviews

- *Can Mostar be without its bridge / Može li grad bez svog mosta / Kann die Stadt ohne ihre Brücke,* in: *Mostar – Unique Sign – Unique Location. Kulturelle Brücken schlagen über die Gräben hinweg: Die Dokumentation einer künstlerischen Intervention im öffentlichen Raum* (Hrsg. Max Aufischer), Folio Verlag, Wien / Bozen 2001, S. 13 – 16, 88 – 89
- *Apsolutno paf. Razgovori* [Absolut baff. Gespräche] (mit Nataša Jovičić), Meandar, Zagreb 2002
- *Vom Glück in den Städten,* Paul Zsolnay Verlag, Wien 2002
- *Der Krieg im Traum,* in: Rudolf Habringer, Josef P. Mautner (Hrsg.), *Der Kobold der Träume. Spuren des Unbewussten,* Picus Verlag, Wien 2006, S. 48 – 52
- *Meine Träume wissen mehr als ich. Ein Gespräch,* in: Rudolf Habringer, Josef P. Mautner (Hrsg.), *Der Kobold der Träume. Spuren des Unbewussten,* Picus Verlag, Wien 2006, S. 52 – 62
- *Die grüne Schachtel. Buch der Träume,* Paul Zsolnay Verlag, Wien 2007
- *Platonov tajni roman. Platonov gradoslovni nauk* [Platons Geheimroman. Platons Stadtkunde], Mediterran Publishing, Novi Sad 2008

Ergänzende Literatur zu Bogdanovićs Denkmälern (Auswahl)

• Miodrag B. Protić, *Bogdan Bogdanović*, in: Ders., *Savremenici II*, Nolit, Belgrad 1964, S. 263–265
• Zoran Manević, *Skulptura in arhitektura Bogdana Bogdanovića*, in: *Sinteza* Nr. 7, Jg. 2, Oktober 1967, S. 44–47
• Miodrag Maksimović, *Delo Bogdana Bogdanovića*, in: Ders., *Tumači vremena*, Vuk Karadžić, Belgrad 1971, S. 206–218
• V. N. Belousov, *Monumentalnye kompleksy architektora Bogdanoviča*, in: *Dekorativnoe iskusstvo SSSR* Nr. 4 (185), Jg. 17, 1973, S. 15–20
• Katarina Ambrozić, *The Artist and his Work*, in: *Bogdan Bogdanović. Nature and the Goddess of Rememberance. 12 Necropolises and their Symbolical Classification* (Ausstellungskatalog, Hrsg. Museum der modernen Kunst Belgrad), São Paulo 1973, o. S.
• V. N. Belousov, *Memorialnye sooruženija Jugoslavii*, in: *Zodčestvo. Sbornik sojuza architektorov SSSR* Nr. 1 (20), Stojizdat, Moskau 1975, S. 200–206
• I. A. Azizjan, I. V. Ivanova, *Pamjatniki večnoj slavy. Koncepcii i kompozicija*, Stojizdat, Moskau 1976, S. 166–174
• Katarina Ambrozić, *Die Denkmäler von Bogdan Bogdanović – Beispiel einer positiven Beziehung zwischen Kunst und Natur*, in: *Bildende Kunst*, Heft 12, 1978, S. 607–611
• Marin St. Rajković, *Tipografska semiologija – analitički eksperiment na modelu upisivanja u pejzaž Bogdana Bogdanovića*, in: *Umetnost* Nr. 63 / 64, Jg. 15, Janner / April 1979, S. 4–21
• N. Zlydneva, *Priroda i mif v memorialach architektora Bogdana Bogdanoviča*, in: *Sovetskoe slavjanovedenie* Nr. 6, Jg. 14, November / Dezember 1979, S. 62–74
• Peđa Milosavljević, *Protomajstor Bogdan i njegovo delo*, in: Ders., *Beograd, grad na moru*, Nolit, Belgrad 1980, S. 257–264
• N. Zlydneva, *Ansambli jugoslavskogo architektora Bogdana Bogdanoviča*, in: *Iskusstvo* Nr. 11, Jg. 48, 1980, S. 54–58
• V. N. Belousov, *Monumenty i memorialnaja architektura*, in: Ders., *Sovremennaja architektura Jugoslavii*, Stojizdat, Moskau 1986, S. 164–199
• Ranko Radović, *L'architettura memoriale contemporanea in Jugoslavia e la pietra / The Contemporary Memorial Architecture in Yugoslavia and the Stone*, in: Vincenzo Pavan (Hrsg.), *L'architettura come monumento e memoria / Architecture as Memoria and Monument*, Arsenale Editrice, Verona 1987, S. 65–80
• N. Zlydneva, *The problems of Tradition in the Memorials of B. Bogdanović / Problema tradicii v memorialach B. Bogdanovič*, in: *Architecture and Society / Architektura i obščestvo* Nr. 6, Jg. 6, 1987, S. 24–27

• Mario Pisani, *Bogdan Bogdanović*, in: Ders., *Tendenze nell'architettura degli anni '90*, Edizioni Dedalo, Bari 1989, S. 19–24
• Slobodan Selinkić, *The Poetry of Monuments*, in: *World Architecture* Nr. 9, Jg. 2, 1990, S. 28–35
• Miloš R. Perović, *Srpska arhitektura XX veka. Od istoricizma do drugog modernizma / Serbian 20th Century Architecture. From Historicism to Second Modernism*, Arhitektonski fakultet Univerziteta u Beogradu, Belgrad 2003, S. 164–182
• Bogdan Bogdanović, *Die grüne Schachtel. Buch der Träume*, Paul Zsolnay Verlag, Wien 2007
• Slobodan Selinkić, *Bogdan Bogdanović. Architetto agli antipodi / Bogdan Bogdanović. Architect at the antipodes*, in: *Documenti del festival dell'Architettura 4. 2007–2008*, Festival Architettura Edizioni, Parma 2008, S. 478–487
• Zoran Manević, *Bogdanović, Bogdan*, in: Ders. (Hrsg.), *Leksikon neimara*, Građevinska knjiga, Belgrad 2008, S. 31–37

Einzelausstellungen

Priroda i boginja sećanja [Natur und die Göttin der Erinnerung] im Belgrader Salon des Museums der Gegenwartskunst, Winter 1974/75

1963 Ausstellung der Pläne für die Gedenkstätte für die KZ-Opfer in Jasenovac, Zagreb, Muzej revolucije, März
1969 *Memorijalna arhitektura Bogdana Bogdanovića* [Memorialarchitektur des Bogdan Bogdanović], Belgrad, Galerija kulturnog centra, 18. April – 7. Mai
1973 *Nature and the Goddess of Rememberance, 12 Necropolises and their Symbological Classification*, São Paulo, 12. Biennale, Oktober/November
1974 *Priroda i boginja sećanja* (II) [Die Natur und die Göttin der Erinnerung], Belgrad, Salon des Muzej savremene umetnosti, 25. November 1974 – 6. Jänner
1975 *Priroda i boginja sećanja* (III), Zagreb, Galerija Forum, 17. Februar – 9. März
Priroda i boginja sećanja (IV), Novi Sad, Galerija Matice Srpske, 8. – 18. Mai
Priroda i boginja sećanja (V), Subotica, Salon Likovnog Susreta, 27. Mai – 16. Juni
Memorijali Bogdana Bogdanovića [Memoriale des Bogdan Bogdanović], Mostar, Radnički univerzitet, 15. – 30. November
1976 *Znamen-polja protomajstora Bogdana* [Meister Bogdans Gedenkfelder], Niš, Narodni muzej, Ausstellungspavillon in der Festung, 16. Jänner – 10. Februar
Memorijali Bogdana Bogdanovića, Banja Luka, Umjetnička galerija Doma JNA, 15. – 30. April
Memorijali Bogdana Bogdanovića, Ptuj, Pokrajinski muzej, Ausstellungspavillon „Dušan Kveder", 5. – 25. Mai
1978 *Povratak grifona* [Die Rückkehr des Greifs], drittes Symposium zum Thema künstlerische Synthese („Crtežom prema sintezi" [Durch die Zeichnung zur Synthese]), Vrnjačka Banja, Kulturno-propagandni centar, 6. – 14. Jänner
Memorijali Bogdana Bogdanovića, Borovo, Radnički dom (in Zusammenarbeit mit Muzej savremene umetnosti Beograd), 11.–17. April
1979 *Rogata ptica, crtački zapisi o naknadno otkrivenoj „ideji ideje" Slobodišta* [Der gehörnte Vogel, zeichnerische Niederschriften einer nachträglich entdeckten „Idee der Idee" von Slobodište], Kruševac, Gradska galerija
1982 *Bogdan Bogdanović; spomen-park Dudik, Vukovar* [Gedenkpark Dudik, Vukovar], Aranđelovac, Ausstellungspavillon „Knjaz Miloš", 22. August – 3. September
Bogdan Bogdanović; spomen-park Dudik, Vukovar, Zagreb, Galerija Spektar, Centar za kulturu Novi Zagreb, 9. – 27. September
Bogdan Bogdanović; spomen-park Dudik, Vukovar, Subotica, Salon Likovnog Susreta, 12. – 26. Oktober
1984 *Povratak grifona* [Die Rückkehr des Greifs], Zagreb, Galerija Voćarska, 2. – 22. November

1986 *Crteži i studije graditeljskih znakova* [Zeichnungen und Studien baumeisterlicher Zeichen], Kumanovo, Galerija Gama
1987 Ausstellung der Originalillustrationen für das Buch *Krug na četiri ćoška* [Der Kreis mit vier Ecken], Skoplje, Muzej na Makedonija, März
Ausstellung der Buchillustrationen anlässlich der Aufführung der Dramatisierung des Buchs *Zaludna mistrija* [Die müßige Maurerkelle] in der Werkstätte des Theaters Palach, Rijeka, Galerija Plus Festa, 3. – 18. März
Izložba nenapisane knjige [Die Ausstellung eines ungeschriebenen Buches], Sarajevo, Muzej XIV Zimskih olimpijskih igara, 16. April – 5. Mai
Izložba nenapisane knjige, jugoslawische Kunstschau *Mermer i zvuci* [Marmor und Klänge], Aranđelovac, Ausstellungspavillon „Knjaz Miloš", Juli
1990 *Bogdan Bogdanović. Kapiteli* [Kapitelle], Koper, Galerija Loža in Meduza, November/Dezember
1991 Ausstellung anlässlich der Buchpräsentation von *Knjiga kapitela* [Das Buch der Kapitelle], Sarajevo, Muzej XIV Zimskih olimpijskih igara, 21. März – 8. April
1994 *Odbrana grada – znaci nade* [Die Verteidigung der Stadt – Zeichen der Hoffnung], Novi Sad, Ausstellungsraum in Jevrejska 1, 22. – 30. Dezember
1995 *Die Verteidigung der Stadt. Zeichnungen für das Memorial am Weg des Friedens*, Wien, Planungswerkstatt, 29. März – 12. April
1998 Ausstellung der Wiener Zeichnungen anlässlich der Buchpräsentation von *Der verdammte Baumeister*, Wien, Knjižara/Buchhandlung „MI", 6. – 12. Februar
2001 *O gradovima ni na nebu ni na zemlji* [Von den Städten weder im Himmel noch auf Erden], Ausstellung anlässlich der Buchpräsentation der serbokroatischen Fassung von *Der verdammte Baumeister* sowie *Glib i krv* [Schlamm und Blut], Belgrad, Centar za kulturu dekontaminaciju, Paviljon Veljković, 9. – 24. November
2002 *Grafički romani Bogdana Bogdanovića* [Die grafischen Romane Bogdan Bogdanovićs], Novi Sad, Galerija Matice Srpske, 25. Oktober – 10. November
2003 *Grafički romani Bogdana Bogdanovića*, Subotica, Galerija Likovnog Susreta, 17. Jänner – 7. Februar
Grafički romani Bogdana Bogdanovića, Kikinda, Galerija Narodnog muzeja und Galerie „Tera", 30. Mai – 27. Juni

Gruppenausstellungen

1964 *Izložba savremene arhitekture Jugoslavije* [Ausstellung zeitgenössischer jugoslawischer Architektur], Zagreb, Radničko sveučilište „Moša Pijade", 4. – 14. Juni
1968 *Savremena srpska arhitektura* [Zeitgenössische serbische Architektur], Belgrad, Salon Muzeja savremene umetnosti, 18. April – 7. Mai
1972 *Srpska arhitektura 1900 – 1970* [Serbische Architektur 1900 – 1970], Belgrad, Muzej savremene umetnosti, März / April
1973 *Srpska arhitektura 1900 – 1970*, Ljubljana, Mestna galerija, 21. April – 5. Mai
1974 *Arhitektura 70,* Belgrad, Galerija Studentskog kulturnog centra, 25. Jänner – 8. Februar
Makedonska arhitektura [Mazedonische Architektur], Skopje, Muzej na sovremena umetnost
1975 *Između mita i stvarnosti* [Zwischen Mythos und Wirklichkeit], Ausstellung im Rahmen des 9. Theaterfestivals BITEF, Belgrad, Galerija Ateljea 212, 8. September – 1. Oktober
Kritičari su izabrali [Auswahl der Kritiker], Belgrad, Galerija Kulturnog centra, 30. Dezember – 10. Jänner 1976
1976 *Anketa o uređenju Trga Marksa i Engelsa* [Enquete über die Gestaltung des Marx-Engels-Platzes], Belgrad, Galerija Kulturnog centra
1979 *Dobitnici „Politikine" nagrade* [Die Gewinner des Politika-Preises], Belgrad, Kunstpavillon „Cvijeta Zuzorić"
1980 *Ars et animalia, od realnog do fantastičnog* [Ars et animalia, vom Realen zum Phantastischen], Belgrad, Galerija '73
Ars et animalia, od realnog do fantastičnog, Pančevo, Galerie des Kulturzentrums „Olga Petrov"
Ars et animalia, od realnog do fantastičnog, Čačak, Dom kulture, Zeitgenössische Memorialarchitektur in Jugoslawien, Venedig, 39. Biennale
1982 *Umetnici akademici 1968 – 1978* [Künstler Akademiemitglieder 1968 – 1978], Belgrad, Galerija SANU, Jänner / Februar
Arhitektura Srbije – osma decenija [Architektur Serbiens im achten Dezennium], Volgograd, ul. Port Said, 25. September – 13. Oktober
1983 *Volgograd, ul. Port Said,* Belgrad, Muzej primenjene umetnosti
1984 *Tri generacije beogradskih graditelja; odnos prema nasleđu* [Drei Generationen von Belgrader Baumeistern; der Bezug zum Erbe], Belgrad, Galerija Studentskog kulturnog centra
Tri generacije beogradskih graditelja; odnos prema nasljeđu, Zagreb, Izložbeni salon JNA, 11. – 26. Juni
Kroz labirint [Durchs Labyrinth], Zagreb, Galerija Voćarska, 15. – 30. Juni
Tri generacije beogradskih graditelja; odnos prema nasleđu, Kruševac, Umetnička galerija, 27. Juni – 31. Juli
1985 *Exhibition of Yugoslav architecture: 1974 – 1984,* New York, Yugoslav cultural and press center, 30. Jänner – 15. Februar
La escultura memorial de Yugoslavia, Havanna, Museo Nacional de Bellas Artes, 21. März – 21. April
La escultura memorial de Yugoslavia, Mexiko-Stadt, Palacio de Mineria, 8. Mai – 10. Juni
La escultura memorial de Yugoslavia, Tlascala, UNAM, 24. Juni – 5. Juli
La escultura memorial de Yugoslavia, Guadalajara, Instituto cultural Cabañas, 11. Juli – 10. August
Jugoslavskaja memorialnaja skulptura, Moskau, Gosudarstvennaja Kartinnaja Galerija, 15. Oktober – 15. November
1986 *Jugoslavskaja memorialnaja skulptura,* Vilnius, 1. – 29. Februar
1990 Ausstellung der Wettbewerbsarbeiten für den Piranesi-Preis, Piran, Galerija Sveti Donat, 23. – 25. November

Orts- und Personenregister

Abramčik, Vilijam 167
Achleitner, Friedrich 6, 10-21, 58, 70, 74, 102, 130
Algier 165
Ambrozić, Katarina 110, 114, 118, 169
Andrić, Ivo 29, 31
Aranđelovac 164, 170
Arapova Dolina (bei Leskovac) 164
Athen 29
Aufischer, Max 168
Avala bei Belgrad (Wohnsiedlung „Jaroslav Černi") 57, 136-139, 156, 160
Azizjan, I. A. 169

Bagdala (Hügel) 74
Banja (bei Aranđelovac) 164
Banja Luka 57, 170
Banjica (Vorort von Belgrad) 35
Bela Crkva (Kenotaphengruppe) 57, 106-109, 122, 163
Belgrad 11, 23, 29f, 35-38, 40, 43f, 46ff, 50, 57, 58, 82, 102, 136, 140, 156ff, 160-163, 165ff, 169, 170f
Belgrad (Denkmal f. d. jüd. Opfer d. Faschismus - sephard. Friedhof) 10ff, 29f, 31, 47, 58-61, 118, 133, 156f, 160
Beljanski, Pavle (Gedenksammlung) 162
Belousov, V. N. 169
Berane (vorm. Ivangrad) (Freiheitsdenkmal) 21, 57, 114-117, 164
Bihać (Kenotaphe im Gedenkpark Garavice) 22, 57, 98-101, 163
Bijedić, Džemal und Razija 165
Biograd 160
Biskupova Glavica (siehe Mostar)
Boća (Architekturstudent) 165
Bogdanović, Ivana 156
Bogdanović-Anastasijević, Ksenija 43, 50, 157ff
Bogdanović, Milan 46, 156
Bogdanović, Mileva (geb. Mihailović) 46, 156
Bogdanović, Slobodan 156
Borges, Jorge Luis 33
Borovo 170
Borromini, Francesco 48
Boyd, Robin 144
Bramante, Donato 48
Breton, André 27, 46
Brkić, Aleksej 58, 82, 102
Burton, Richard 34
Bužančić, Vlado 126, 153, 167

Čačak (Gedenkstätte mit Kriegermausoleum) 10, 23-26, 57, 102-105, 126, 152f, 163, 171
Canetti, Elias 52
Cassirer, Ernst 52

Čegar 39
Ćele-kula 41
Cetinje 163
Chartres 152
Chiusi 152
Čolaković, Rodoljub 38
Columbus/Ohio 157
Ćosić, Dobrica 62, 74

Dobrović, Nikola 156
Đokić, Dušan 78, 86
Donauinsel 158, 165
Dor, Milo (eig. Milutin Doroslovac) 46, 158
Dorćol (Altstadt v. Belgrad) 58
Đorgović, Momčilo 167
Dramičanin, Miodrag 167
Dubrovnik 57, 156
Dudik (s. Vukovar)

Escher, M. C. 33

Fabiani, Max 29
Filipović, Filo 163

Gajer, Dragan 167
Garavice (s. Bihać)
Gaudí, Antoni 136
Goethe, Johann Wolfgang von 32
Gradaščica (Fluss) 33
Grubišno Polje 35
Guadalajara 171

Habringer, Rudolf 168
Havanna 171
Hitler, Adolf 15, 156

Istanbul (Tekfur Sarayı) 25
Iveković, Rada 49, 167

Jadovno (bei Gospić) 35
Jajinci bei Belgrad 35, 160
Jasenovac (Gedenkstätte f. d. KZ-Opfer) 10, 15ff, 22, 26, 35-39, 57, 70-73, 157, 162, 170
Jasikovac (Hügel) 114
Jelica (Hügel) 102
Jevtić, Milorad 130
Jevtović, Branislav 167
Jovanović, Vera 156
Jovičić, Nataša 16, 70, 168

Kalemegdan (Festungsanlage) 160
Kikinda 170

Klis 122, 165
Knjaževac (Denkmal f. d. Gefallenen d. Befreiungs-
kriege) 57, 90-93, 163
Komac, Urša 31ff, 58, 82, 110, 126
Koper 170
Korunović, Momir 25
Kosovska Mitrovica (Kultstätte f. d. serb. u. alban.
Partisanen) 57, 78-81, 162
Kostović, Z. 167
Kotěra, Jan 28
Krain 28
Kruševac (Slobodište – symbol. Nekropole) 10, 13ff,
57, 74-77, 94, 157, 162, 166, 170f
Kumanovo 57, 170

Labin (Adonisaltar) 56, 122-125, 164
Lalić, Ivan V. 106
Lece 164
Ledoux, Claude-Nicolas 48
Leskovac (Revolutionsdenkmal) 57, 86-89, 162ff, 166
Ličina, Svetislav 162
Ljubljana 28f, 31ff, 56, 171
Ljubljanica (Fluss) 33
Loos, Adolf 11, 28, 152
Lopud (Insel) 156, 160
Luciani, Domenico 70

Madison/Wisconsin 157
Makarska 160
Maksimović, Miodrag 169
Mali Popović 7, 25, 42f, 45, 49, 157f
Malraux, André 24
Manević, Zoran 66, 86, 169
Mautner, Josef P. 168
Mexiko-Stadt 171
Mifka, Ljerka 167
Milićević-Nikolić, Olga 66, 70, 74
Miljković, Sima 163
Milosavljević, Peđa 169
Milošević, Slobodan 16, 50, 158
Mitrović, Mihajlo 66, 74, 82, 90, 130
Mitscherlich, Alexander 52
Mladenović, Dimitrije 78, 162
Mojkovac 145, 160
Molat (Insel) 35
Monte Circeo 150
Moskau 169, 171
Mostar (Partisanennekropole) 21, 25, 57, 58, 66-69,
70, 74, 78, 82, 86, 90, 94, 110, 157f, 162, 168, 170

Natalija, Königin 140-143, 162
Nebrak (Hügel) 130

Neretva (Fluss) 66
Nikolić, Žarko 74
Niš 41, 44, 161
Niš-Bubanj 62, 161
Niška Banja 41
Nova Varoš 161
Novi Beograd 157
Novi Sad 57, 114, 161f, 168, 170
Novska/Jasenovac 37

Obražde 164

Pacioli, Fra Luca 48
Pajsije, Mönch 21
Palladio, Andrea 48
Pančevo 57, 171
Pavan, Vincenzo 169
Pavlović, Dušica 161
Perović, Latinka 167
Perović, Miloš R. 169
Petrovaradin 161
Petrović, Dušan Šane 164
Petrović, Zoran B. 167
Piran 158, 166, 171
Piranesi, Giovanni Battista 32, 158, 171
Pirot 21
Pisani, Mario 169
Planinica 165
Plečnik, Jože 28-33
Plečnik, Andrej 32
Polen 21
Popina (Fluss) 130
Popina bei Trstenik (Kriegermausoleum) 10, 17f, 57,
130-133, 152f, 165
Popović, Radovan 167
Porsenna, Lars 152
Pozzuoli (Jupiter Serapis Tempel) 32
Prag 28
Prilep (Kenotaphe f. d. gefallenen
Widerstandskämpfer) 51, 57, 82-85, 163
Protić, Miodrag B. 169
Protić, Predrag 166
Pržno 161
Ptuj 57, 170

Radović, Ranko 167, 169
Radulović, Milivoje 167
Radulović, Nedeljko 130
Rajković, Marin St. 169
Ralja 165
Ranković, Aleksandar 37f
Ray, Man 29

Orts- und Personenregister

Re Dionigi, Elena 74
Rijeka 56, 170
Rom 28, 33, 62
Ruđinčanin, Boško 150f, 166

Sajmište (Belgrad) 35
Šance (Ljubljana) 33
Sandžak 21
Sanski Most 163
Save (Fluss) 16, 24, 70
São Paulo 170
Sarajevo 47, 49, 57, 165, 166f, 170
Selinkić, Slobodan 74, 169
Skopje 57, 170f
Slobodište (s. Kruševac)
Smederevo (Umbau d. Villa v. Königin Natalija) 57, 140–143, 162
Smrike (s. Travnik)
Sombor 57
Sofia 158
Sowjetunion 51
Sremska Mitrovica (Gedenkfriedhof f. d. Opfer d. Faschismus) 33, 51, 62–65, 74 157, 162
Stalin, Josef 13, 50
Stelè, France 29, 32
Štip (Kriegerfriedhof) 57, 94–97, 163, 166
Stockholm (Skogskyrkogården) 14
Subotica 57, 170
Šušnjar (Memorialkomplex) 163
Sutjeska-Schlucht 34ff, 38f, 161
Svoboda, Josip 162

Tito, Josip Broz 15, 34, 36, 39, 46, 49ff, 130, 140
Timok (Fluss) 90
Tlascala 171
Travnik (Kenotaphe f. d. Opfer d. Faschismus) 31, 57, 110–113, 164
Trnovo (Stadtteil von Ljubljana) 31, 33
Tromostovje (Ljubljana) 33
Trstenik 130–133, 165
Trstenjak, Anton 29
Trumić, Aleksandar 130
Tuđman, Franjo 16
Turinski, Živojin 70

Valeix, Danielle 62, 70, 82
Varro, Marcus Terentius 152f
Vasiljević, Slobodan 160
Vasojević-Sippe 21, 114
Veles 164
Venedig 171
Vilnius 171

Vlasina (Fluss) 118
Vlasotince (Kultstätte f. d. gefallenen Freiheitskämpfer) 57, 118–121, 122, 164
Vratar 161
Vrnjačka Banja 130, 170
Vukovar (Gedenkpark Dudik f. d. Opfer d. Faschismus) 32, 57, 110, 126–129, 152f, 165, 166f, 170

Wagner, Otto 28
Walser, Paul L. 167
Weinbrenner, Friedrich 153
Wien 11, 28, 31f, 44, 50, 52, 58, 70, 136, 158, 165, 167ff, 170
Wolgograd 171

Zagreb 22, 36ff, 49, 57, 167f, 170f
Zenica 164
Zevi, Bruno 62
Živković, Ivanka 157
Živković, Miodrag 35
Zlydneva, N. 167, 169
Žugić, Sonja 44

Dank

Herzlicher Dank an alle, die Herausgeber und Kurator bei den Vorbereitungen zur Ausstellung und zum Katalog tatkräftig unterstützt haben, namentlich bei:

Ksenija und Bogdan Bogdanović, Radivoje Dinulović, Zoran Manević, Wolfgang Thaler, Ute Waditschatka, Sonja Pisarik, David Baum, Marina Savić Hodžić, Miroslav Prstojević, Slobodan Danko Selinkić, Ivana Jakšić, Svetislav Živić, Dimitrije Mladenović, Ines Gebetsroither, Elena Re Dionigi, Nataša Jovičić, Domenico Luciani, Elfriede Czurda und Đorđe Mihovilović

Autorinnen und Autoren

Friedrich Achleitner, 1930, bis 1958 freier Architekt, dann Schriftsteller und Architekturtheoretiker. Unterrichtete bis 1998 an der Lehrkanzel für Geschichte und Theorie der Architektur an der Universität für angewandte Kunst Wien. Zahlreiche Publikationen, Schwerpunkt österreichische Architektur im 20. Jahrhundert

Ivan Ristić, 1971, Kunstvermittler, freier Kurator und Übersetzer. Bearbeitete 2006/07 den Vorlass Bogdan Bogdanović im Architekturzentrum Wien

Urša Komac, 1970, Architektin und Architekturpublizistin in Sydney und Ljubljana. Dissertation *El espacio público para gozar la soledad* über Jože Plečnik und Bogdan Bogdanović an der Architekturabteilung der ETSAB, Universitat Politècnica de Catalunya in Barcelona (2005). Buch *Caja de memoria de Bogdan Bogdanović* (Mudito and Co., Barcelona 2009)

Pablo Guillén, 1973, Dozent, unterrichtet an der Abteilung für Ökonomie der Universität Sydney. Koautor von *Caja de memoria de Bogdan Bogdanović* (mit Urša Komac)

Heike Karge, 1970, Historikerin. Dissertation *Kriegsgedenken im sozialistischen Jugoslawien* am Europäischen Hochschulinstitut in Florenz (2006). Seit 2008 akademische Rätin am Lehrstuhl für südost- und osteuropäische Geschichte der Universität Regensburg

Dragana Milovanović, 1951, Denkmalarchitektin und Architekturhistorikerin in Belgrad. Dissertation zum Thema Symbolik des Tors an der architektonischen Fakultät in Belgrad unter Betreuung Bogdan Bogdanovićs (1999)

Vladimir Vuković, 1967, freiberuflicher Architekt und Lehrer an der HTL Hallstatt für Innenraumgestaltung und Möbelbau. Dissertation *Das literarische Werk des Architekten Bogdan Bogdanović: Anfänge, Entwicklung und das Thema Stadt* an der TU Graz (2007)

Impressum

Herausgeber Architekturzentrum Wien, www.azw.at
Direktor Dietmar Steiner
Geschäftsführerin Karin Lux

Idee, Gesamtkonzept und Redaktion Ivan Ristić
Projektkoordination Monika Platzer

Lektorat Eva Guttmann, Claudia Mazanek
Übersetzungen Ivan Ristić (Serbisch-Deutsch),
Renée Lugschitz (Spanisch-Deutsch)

Buchgestaltung Gabriele Lenz, www.gabrielelenz.at
Mitarbeit Elena Henrich, Elmar Bertsch

Schriften Antares (2006 Gerhard Kaiser)
Imago (1982 Günter Gerhard Lange)
Corporate A (1985-89 Kurt Weidemann)

Papier LuxoSamtoffset 150 g
Druck Holzhausen Druck + Medien GmbH / Wien
Buchbinder Papyrus, Wien

© 2009 beim Architekturzentrum Wien und bei den
Autorinnen und Autoren

Wieser Verlag Klagenfurt / Celovec
ISBN 978-3-85129-834-5
Printed in Austria

Die Deutsche Bibliothek verzeichnet diese
Publikation in der Deutschen Nationalbibliografie:
detaillierte bibliografische Daten sind im Internet
über http://dnd.ddb.de abrufbar.

Bildnachweis
Sofern in den Bildunterschriften nicht anders
angegeben, stammen alle Abbildungen aus dem
Vorlass Bogdan Bogdanović (Az W, Sammlung).

Dieses Buch erscheint anlässlich der Ausstellung
„Bogdan Bogdanović. Der verdammte Baumeister"
im Architekturzentrum Wien 5.3. – 2.6.2009

Kurator Ivan Ristić
Projektkoordination Monika Platzer
Ausstellungsgestaltung BWM Architekten und
Partner – Johann Moser, Christoph Panzer
Ausstellungsgrafik Gabriele Lenz
Mitarbeit Elena Henrich, Elmar Bertsch
Filmmaterial Reinhard Seiß – URBAN+
Videoschnitt David Man
Untertitel Raum.Film Filmproduktion – Matthias
Widter
Übersetzungen Jonathan Quinn (Deutsch-Englisch),
Ivan Ristić (Serbisch-Deutsch)
Bibliothek Wolfgang Heidrich
Aufbau Heinrich Schalk, Philipp Aschenberger und
Team

Gefördert durch

Unterstützt von